DEUX AGRICULTEURS

NOTICE

SUR MESSIEURS

PAUL ET FRANZ DE VAULX

MOULINS
H. DUROND, LIBRAIRE-ÉDITEUR
1894

NOTICE

SUR

MM. PAUL ET FRANZ DE VAULX

DEUX AGRICULTEURS

NOTICE

SUR

MM. Paul et Franz de Vaulx.

MOULINS

H. DUROND, LIBRAIRE-ÉDITEUR

1894

MM. Paul et Franz de Vaulx.

PREMIÈRE PARTIE

Le Canton de Varennes-sur-Allier est dans sa plus grande partie composé de terres riches et fertiles. De tout temps et principalement avant l'introduction des amendements calcaires dans la culture, il a été signalé comme un des centres les plus importants de la production des céréales dans le département de l'Allier. Il produit également une grande quantité d'animaux de boucherie et d'élèves, dont les races se sont notablement améliorées. Qui pourrait comparer les magnifiques bêtes de nos jours avec les tristes spécimens de l'ancienne race que l'on rencontre, bien rarement il est vrai, mais que l'on rencontre quelquefois dans les champs ou les foires ?...

La configuration du Canton est à peu près celle d'un rectangle, dont un des plus grands côtés est limité par l'Allier, rivière coulant du Sud au Nord. C'est le long de cette rivière que se trouvent les terres d'alluvion, qui sont les plus riches du Canton. Ces terres, resserrées à leur origine par les côteaux sur lesquels se trouvent Saint-Germain-des-Fossés et Billy, présentent leur plus grand développement aux environs de Varennes ; le reste du Canton est en majorité composé de terres de nature calcaire, sauf quelques gisements argilo plus ou moins siliceux. La couche arable présente des profondeurs très variables ; elle repose sur un sous-sol tantôt argileux, tantôt marneux ou pierreux et beaucoup plus rarement siliceux ; dans certaines parties ce sous-sol est complètement imperméable.

Si l'on traverse le Canton dans son milieu, en partant de Saint-Germain-des-Fossés, qui se trouve à sa partie la plus méridionale, on rencontre les terrains les plus accidentés. Ce n'est qu'une suite de collines, de monticules, de plateaux aux formes les plus variées ; puis d'étroites vallées, arrosées par deux ou trois cours d'eau peu importants qui vont se jeter directement dans l'Allier. Aux points les plus élevés se trouvent les communes de Saint-Félix, Saint-Gerand-le-Puy et Langy, dans lesquelles on remarque des gisements importants de pierre calcaire, dont l'exploitation constitue à peu près la seule industrie du pays. En avançant encore vers le Nord, lorsqu'on a dépassé les pitons calcaires, au milieu desquels se trouve Montaigu-le-Blin, le pays change tout d'un coup d'aspect ; les ondulations du terrain s'effacent peu à peu et viennent mourir aux environ de la commune de Boucé. Les roches calcaires disparaissent, elles sont remplacées par des fragments épars ; en certains endroits, elles sont uniquement représentées par des coquillages plus ou moins microscopiques.

Bientôt, on se trouve au milieu d'une vaste plaine qui, presque partout, ne présente que des pentes insensibles à l'œil, et à travers laquelle serpentent lentement plusieurs cours d'eau dont la réunion forme la petite rivière du Valençon.

Cette plaine, la plus grande et la plus basse du Canton, se termine brusquement au Nord par un vaste plateau qui la domine et se dresse à l'horizon comme un immense rempart. Partant de Treteau, le plateau se dirige sur Varennes, puis se retourne tout-à-coup à angle droit sur Rongères, ne laissant qu'une gorge étroite au fond de laquelle coule le Valençon, qui se réunit à l'Allier près de Varennes. De Rongères, la série des collines se prolonge par Montaigu et Cindré et vient rejoindre le plateau à Treteau. Cette grande plaine est occupée presqu'en entier par le territoire de Boucé. On se la représente très bien comme étant primitivement un lac, dont les collines formaient la puissante chaussée. A la suite de quelle révolution géologique le lac a-t-il été desséché ? Toujours est-il que l'écoulement se fit par l'étroit passage où le Valençon porte ses eaux à l'Allier.

Ce que fut Boucé pendant bien longtemps, son nom l'indique assez, de la *boue*. Un vaste marais inhabitable et inhabité. Puis, à mesure que le terrain se dessécha, ces terres d'alluvion, d'éboulements des collines calcaires, se couvrirent de broussailles, d'arbustes et enfin d'arbres dont les semences étaient apportées des forêts voisines ; et l'ancien lac devint en grande partie la forêt que nous trouvons encore marquée sur la carte de l'Etat-Major sous le nom de forêt de Voudelle.

Les habitants furent, jusqu'en 1857, les plus misérables, les plus déshérités, sur un terrain le plus riche de tout le Canton. Tout leur manquait. D'abord, point de chemins. Il n'y avait pas, avant la date que nous venons d'indiquer, une longueur de cent mètres de chemin qui fût viable pendant toute l'année. La circulation n'y était possible le plus souvent qu'à cheval, et encore, à condition d'éviter avec le plus grand soin tout ce qui présentait l'apparence d'un chemin ; ce qu'on appelait de ce nom n'était presque partout qu'une suite d'abîmes sans fond, perdus entre des haies énormes. Souvent, le malheureux piéton, pour se tirer d'embarras, avait recours à la bienveillance des bergères : il montait sur le dos d'un bœuf. C'était d'ailleurs un genre de locomotion assez employé par les bergères elles-mêmes pour suivre et garder leurs troupeaux. Malheur à l'imprudent cavalier qui s'avançait, l'hiver, au milieu de ces fondrières ! Le cheval se trouvait bientôt dans l'impossibilité de faire un pas, retenu des quatre jambes dans la terre détrempée, les naseaux plongeant dans la boue ; il fallait le secours de bœufs et de cordes pour arracher homme et cheval. Nous l'avons souvent entendu raconter, et dans les chemins de traverse qui n'ont pu recevoir encore un très fort empierrement, les mêmes accidents arriveraient si l'on s'y engageait témérairement à cheval, surtout après un dégel pluvieux.

Aussi, pendant l'hiver, les habitants de Boucé étaient réduits à garder le coin du feu. Impossible d'aller ni à Varennes ni dans les communes environnantes. Il est notoire que, pendant les années pluvieuses, le fermier de la terre de Boucé fut souvent dans l'impossibilité absolue de conduire ses blés au marché, les plus forts attelages étant impuissants à sortir les voitures des bourbiers. Pour les mêmes raisons on ne venait point dans ce village, les voituriers refu sant d'exposer leurs chevaux. C'est ce qui arriva entre autres, à M. Antoine Jeannot, lorsqu'il vint, en 1857, prendre possession de son poste d'instituteur. Parvenu à Varennes avec son mobilier, il demande des voituriers pour le lui conduire à Boucé : tous refusent et il lui fallut attendre les beaux jours pour le faire transporter.

Dans quelle misère ne devaient pas se trouver les malheureux habitants, sans communications aucunes avec les populations avoisinantes ! Et cela pendant deux ou trois mois, quelquefois plus longtemps ! Qu'étaient les quelques provisions qu'ils pouvaient emmagasiner pour l'hiver? Car, par suite de l'isolement, la culture était des plus rudimentaires: elle se trouvait nécessairement faite presque partout par des métayers privés de toute direction et livrés entièrement à eux-mêmes. Ils cultivaient ce qui leur était le plus facile, semant blé sur blé, tant que le sol ne se refusait pas à faire germer la semence. Puis, on passait à un autre champ, attendant que les années eussent reposé la terre épuisée pour lui redemander un peu de fertilité. Aussi, quelles récoltes dérisoires !... La grande préoccupation était de pouvoir vivre d'une année à l'autre, mangeant un mauvais pain composé d'un peu de froment, de seigle et d'orge.... D'améliorations, point ; de défrichements, on n'y songeait pas.

Malgré tout ce que nous pouvons dire, on aura peine à se figurer ce que devait être la population, comme aussi le bourg de Boucé. Les pauvres y étaient en majorité. Il faut entendre les récits des vieillards (1). Les habitants vivotaient pendant l'été ; l'hiver, ils enduraient bien des privations, enfermés dans leurs bourbiers. Le bourg était une réunion de quelques masures, couvertes de chaume, suant la pauvreté et la misère. Là où se réunissent cinq belles routes, c'était une mare d'eau, donnant son nom à un domaine qui s'appelle encore les Mardoux, corruption de « mare d'eau ». Ici, vous voyez une maison assez coquette : elle a remplacé un bourbier. Ce jardin était un canal où tombaient toutes les eaux du village et dans lequel les mé-

(1) Dans les communes environnantes, quand on voyait deux ou trois pauvres, la besace sur le dos, quêter l'aumône de porte en porte, on avait l'habitude de dire : « Tiens, voilà les Boucé qui arrivent. »

nagères venaient laver leur lessive. Telle route, aujourd'hui sillonnée par de nombreuses voitures, était un chemin fangeux protégé, l'été, contre les rayons du soleil par des haies épaisses, et l'hiver, conservant la pluie dans ses abîmes.

Actuellement, toute cette misère a disparu. Boucé est certainement la plus riche et la plus fertile commune du Canton. Le chaume fait place chaque jour à l'ardoise qui couvre des maisons proprettes d'où s'échappe un air d'aisance et de santé. Le bourg s'est agrandi. Les routes se sont multipliées ; cinq aboutissent au centre du village. Varennes reçoit en masse les blés et le bétail engraissé. Les domaines se sont multipliés ; Voudelle est une vaste plaine draînée et cultivée. Les communes environnantes ont pris modèle sur Boucé et suivent ses méthodes de culture. L'agriculture y est non seulement en honneur, mais en renom. Comment s'est accomplie cette transformation ? Tout ce bien-être, tout ce travail, toute cette richesse est l'œuvre de trois hommes : MM. Louis Rambourg, Franz de Vaulx et François-Constantin de Vaulx, plus connu sous le nom de Paul de Vaulx, que nous lui conserverons dans le cours de cette notice.

Ce fut au mois de janvier 1857 que M. Louis Rambourg devint propriétaire de la terre de Boucé appartenant à M. le comte de Barral. Cette terre, en vente depuis longtemps, ayant été mise en adjudication, M. Rambourg en devint acquéreur en traitant à l'amiable. Son entrée en jouissance eut lieu au 24 juin suivant.

Devenir propriétaire d'une terre aussi considérable que celle de Boucé, et faire une heureuse spéculation, est le fait d'un homme possédant les capitaux nécessaires. Mais nous doutons que la spéculation seule fût la pensée dominante de M. Louis Rambourg. Sa haute intelligence fut certainement secondée par sa charité inépuisable. Nous aimons à en trouver une preuve dans les nombreux établissements de bienfaisance qu'il avait antérieurement créés et soutenus. Commentry (1) dit assez que nous ne nous trompons pas. « Le bien, dit l'Ecole, aime à se répandre : *bonum est diffusivum suî.* » Il détermine dans l'âme une heureuse impulsion à progresser davantage. Pour le satisfaire il veut toujours de nouveaux actes, surtout quand le bien est la charité. Cette heureuse qualité a cela de particulier qu'elle crée dans le cœur toujours de nouveaux besoins de soulager le prochain. Boucé devait à son tour éprouver les bienfaits d'une générosité inépuisable. La commune et la paroisse doivent bénir le jour où M. Rambourg devint acquéreur de Voudelle et leur plus grand propriétaire. Nous disons « la commune », parce que, sans lui, elle serait encore très probablement ce qu'elle était il y a quarante ans ; de plus, outre des dons en grand nombre, elle a été dotée d'une école de filles et d'un vaste cimetière. La paroisse ne lui doit pas moins de reconnaissance. D'abord l'école des filles est entièrement gratuite et dirigée par les Sœurs de la Providence de Portieux (Vosges). M. Rambourg a très bien compris que l'instruction primaire, — quelque élémentaire qu'elle puisse être et surtout parce qu'elle est élémentaire, — doit

(1) M. Rambourg, mort le 21 décembre 1893, a légué sa propriété de Boucé à l'hospice Saint-Louis de Commentry, qu'il entretenait seul déjà de son vivant.

avoir pour base et pour soutien l'enseignement religieux. De plus, dans cette maison Frédéric, il a voulu que non seulement l'enfance puisât les vrais principes qui conduisent à la pratique de tous les devoirs, et les connaissances nécessaires à la bonne tenue du ménage ; mais il a fait que tous les âges peuvent y trouver assistance et soulagement. Une Sœur est spécialement chargée de visiter les malades et de donner les remèdes que le médecin prescrit, et que souvent le manque de ressources faisait négliger ou appliquer d'une manière incomplète pendant une période de temps insuffisante. L'âme et le cœur de l'enfant sont d'abord soignés ; le corps ensuite n'est pas délaissé.

Il y avait assez de place pour tout dans la charité de M. Rambourg. Une église a été tout récemment construite, l'ancienne étant insuffisante pour contenir toute la population. Là encore, M. Rambourg a donné avec sa générosité habituelle.

Nous ne voulons point détailler toutes ses œuvres. D'autres plus autorisés que nous, une plume plus habile que la nôtre, diront à la postérité tout ce qu'elle lui doit de reconnaissance. Notre humble rôle ne nous permet que d'affirmer encore une fois que ce fut un grand bien pour le pays que M. Louis Rambourg devînt propriétaire de la terre de Boucé.

Au point de vue agricole, il fut aussi heureux qu'il rencontrât MM. de Vaulx et sût apprécier leur valeur en agriculture. L'achat de la terre fut, sans doute, une bonne spéculation ; la connaissance et l'appréciation de ces deux hommes de cœur et de talent en furent une meilleure. Nous ne craignons pas d'assurer que les prévisions, aussi bonnes que M. Rambourg ait pu les avoir, ont été complètement surpassées.

*
* *

Comment M. Rambourg fut-il amené à choisir MM. Franz et Paul de Vaulx pour administrer la terre de Boucé? Quels étaient les titres de ces deux hommes pour attirer l'attention de l'acquéreur et la confiance absolue que constate, dès le début, le traité d'association passé par eux ?

L'acquisition de Boucé fut résolue dans une visite que M. Rambourg faisait à son ami, le marquis de Chavagnac, alors propriétaire de la terre de la Presle, dans laquelle il passait une partie de l'été. La maison de la Presle est voisine du château de Boucé. Le marquis de Chavagnac put faire visiter et apprécier l'état présent de cette vaste terre, son avenir possible, en donnant pour exemple ce qu'une culture intelligente avait obtenu dans les terres joignant celles de Voudelle, traversées par le même ruisseau, et appartenant à ses deux cousins, MM. Franz et Paul de Vaulx.

Quels étaient donc ces deux agriculteurs inconnus jusque-là de M. Louis Rambourg? Quelles ressources avaient-ils? Quelle confiance pouvaient-ils inspirer?

Peut-être n'est-il pas inutile de dire un mot de leur éducation, de leurs études, de leurs premiers essais, de leurs succès.

Ils étaient fils jumeaux de M. de Vaulx des Morets, grand-oncle par sa mère du marquis de Chavagnac. Ils avaient passé leur première enfance à la campagne, s'éprenant tout jeunes des travaux, des cultures, des animaux, des champs.

Quand il fallut quitter le toit tant aimé de la maison paternelle, la séparation ne se fit pas sans d'amers regrets ; et cependant elle devait causer les meilleurs résultats.

La maison choisie par leurs parents, en vue surtout de la grande action de la première communion, fut celle des RR. PP. Jésuites de

Billom. Là, Dieu leur ménageait les instructions du P. Barelle, un saint dont la parole se grava pour toujours dans leur âme. M. Franz n'en parlait jamais qu'avec la plus pieuse reconnaissance, et M. Paul, sans l'exprimer avec autant d'enthousiasme, n'oublia pas, et surtout pratiqua toujours, les admirables enseignements du pieux Jésuite.

Les Ordonnances du roi Charles X, arrachées à sa conscience par l'école prétendue libérale de 1828, privèrent nos deux jeunes gens, comme toute la jeunesse française, d'une éducation traitée de rétrograde parce qu'elle était chrétienne. M. et Mme de Vaulx des Morets, privés des maîtres qui leur inspiraient le plus de confiance, gardèrent leurs enfants auprès d'eux à la campagne. Ils prirent des précepteurs pour leur faire continuer leurs études.

Mais l'âge avançait, exigeant une éducation plus complète et plus virile. Leur courageuse mère se décida, malgré les très modestes revenus de la famille, à aller se fixer à Lyon, pour veiller elle-même à l'achèvement des études de ses enfants. M. Franz trouva au collège de Lyon, dont il suivait les cours comme externe, les leçons d'un homme qui, après le P. Barelle, devait laisser les plus profondes, les plus salutaires empreintes dans son esprit et dans son cœur. Il eut pour professeur de philosophie l'abbé Noirot. Ce prêtre modeste, simple, adoré de tous ses élèves, qui a formé des hommes comme Ozanam, de Laprade, Blanc de Saint-Bonnet, lui fit saisir toutes les erreurs philosophiques du XVIIIe siècle, sans les voiler, en montrant, au contraire, dans les plus illustres auteurs matérialistes ou incrédules, dans les plus dangereux, ce qu'il y avait de vérités dans leurs écrits : « Car, disait-il, ce sont ces parcelles de vérité qui ont fait admettre par un si grand nombre les erreurs de ces écrivains ; » et alors il démontrait avec la plus grande évidence la fausseté des systèmes.

La première communion et les instructions du P. Barelle en avaient fait un cœur profondément chrétien ; les leçons de l'abbé Noirot en firent un philosophe spiritualiste et un catholique inébranlable dans sa foi.

M. Paul, moins bien doué du côté des aptitudes littéraires et philosophiques, suivit à Lyon des cours de mathématiques pour lesquelles il avait de réelles dispositions.

L'éducation classique terminée, les deux jumeaux dont l'esprit et le caractère étaient si différents, avaient cependant les mêmes goûts : tous leurs désirs étaient tournés vers les choses agricoles, dont ils auraient voulu approfondir la science et la pratique. Mais où trouver, à cette époque, des écoles pouvant inspirer confiance ? On pensa à une faculté de sciences ; leur père consentit à les envoyer à celle de Strasbourg.

M. Franz y trouva les leçons d'un homme de grand talent, l'abbé Bautin, qui professait avec éclat la philosophie à la Faculté des lettres. Ces leçons, malgré leur incontestable mérite, ne purent lui faire oublier celles de l'abbé Noirot. Cependant, il suivit avec un grand attrait les cours d'histoire naturelle, de physique et de chimie, cherchant surtout ce qui pouvait l'initier à la science agricole.

Cet enseignement, purement scientifique et théorique, ne pouvait satisfaire les goûts pratiques de son frère Paul. Il savait qu'un de ses camarades était à l'école d'agriculture dirigée par M. de Felemberg à Hoffville, près de Berne. Il prit l'héroïque résolution de quitter Strasbourg, avec l'approbation de son frère, en qui, dès cette époque, il avait toute confiance, et d'aller suivre les enseignements d'Hoffville.

Là, il se trouva tout à fait dans son élément. Son esprit se plaisait dans ce milieu essentiellement rural. Il aimait les leçons scientifiques appliquées à l'agriculture ; il étudiait les machines agricoles à peine connues en France à cette époque ; il observait les soins donnés aux belles races bovines et ovines, et tous les détails d'une vie agricole dont le Bourbonnais ne lui avait jamais donné aucune idée.

Aux vacances, son frère Franz vint le rejoindre à Berne. Ils firent ensemble un ravissant voyage dans les montagnes de l'Oberland, pendant lequel ils firent ensemble d'utiles observations.

Ils aimaient à rappeler le souvenir de leurs longues courses à pied dans les plus hautes montagnes, et plus encore de leurs remarques sur les bestiaux, les soins dont ils étaient l'objet de la part des bergers, chez lesquels ils venaient souvent s'abriter.

De cette excursion, M. Paul conserva le goût des voyages. Plus tard, il parcourait les provinces du Nord pour s'initier aux cultures perfectionnées de la Picardie. C'est là qu'il apprit comment on pouvait avoir de belles récoltes de colza, de betteraves ; comment on devait construire les écuries, traiter les animaux, profiter des fumiers et en empêcher la déperdition. Et cependant, nulle part, il ne trouva la méthode qui fut appliquée avec tant de succès à Boucé par les deux frères et qui tend à devenir générale autour de nous. Nous pouvons bien dire qu'ils en furent les créateurs.

Cette éducation préliminaire terminée, les deux frères rentraient à la maison paternelle aux vacances de 1836. A quoi allaient-ils appliquer leur vigoureuse activité ? Ni l'un ni l'autre n'hésitait. Toutes leurs aspirations étaient tournées vers l'agriculture, vers les moyens d'améliorer les cultures et les races d'animaux ; plus encore d'éclairer les paysans qu'ils aimaient, dont ils admiraient les rudes et pénibles travaux, mais dont ils constataient l'ignorance et l'invincible routine. Ils n'avaient pour accomplir cette grande œuvre que leur bonne volonté et la tendresse de leurs parents.

Les terres des Morets ne le cédaient à aucune pour leur mauvaise culture. M. de Vaulx père n'avait tourné de ce côté ni ses études ni ses soins. Leur mère comprenait mieux les goûts de ses deux fils, et ce fut elle qui détermina un essai paraissant bien téméraire. Le domaine des Blanchard fut confié à M. Franz, âgé de 22 ans. Un parent, un neveu de leur père, qui avait été toujours un ami dévoué, M. de Vaulx de Villemouse, prit M. Paul auprès de lui, pour lui aider dans l'administration de ses propriétés, et bientôt il lui donnait à ferme un vaste domaine situé sur les bords de l'Allier, dans le Canton de Saint-Pourçain.

Les deux frères se trouvaient donc en possession de terres qu'ils pouvaient régir en toute liberté. Tous les deux procédèrent de la même façon. Cela peut paraître étrange à ceux qui les ont connus. S'ils se ressemblaient par les goûts, ils différaient absolument par le caractère. M. Franz avait de son père la ferme rigidité dans le devoir, tempérée par cette politesse charmante que donne la parfaite éducation. M. Paul avait l'entrain et la gaieté de sa mère, avec son ingénieuse et infatigable charité ; mais ils ne savait pas toujours modérer ses impressions.

Ni l'un ni l'autre ne crut pouvoir commencer ses cultures par le métayage ; aucune famille de cultivateurs ayant quelques avances n'aurait consenti, d'ailleurs, à se mettre sous la direction absolue de jeunes gens, qui leur semblaient bien plus ignorants qu'eux-mêmes pour toutes les choses agricoles. Ils prirent des domestiques dociles, ils les dirigèrent avec une sollicitude de chaque jour, s'éclairant par l'observation, par l'étude des traités spéciaux et des journaux d'agriculture, par les visites aux exploitations les moins arriérées. Après quelques années, de ces domestiques instruits par les expériences heureuses, rassurés par les produits sans cesse augmentés, par la certitude de bénéfices, plusieurs consentirent à devenir métayers à des conditions aussi douces que possible.

Quelques années plus tard, en 1841, le mariage de M. Franz lui permit d'acheter, avec la dot de sa femme, les domaines des Bouvards et des Caïffa, sur la commune de Boucé.

Après la mort de leur père et de leur mère, le partage des propriétés attribua à M. Paul le domaine des Vieux-Mars, qui fut divisé en deux métairies ; M. Franz prenait la direction de toutes les propriétés de la famille.

Ce fut en 1852 que les deux frères, devenus voisins de propriétés, firent les premiers essais de drainage. Le lit du Valençon se trouvait, dans cette partie, assez profond pour permettre ces travaux indispensables à une culture fructueuse et assurément rémunératrice dans les terres humides et argileuses. Pour ces travaux, les procédés perfectionnés étaient tout à fait inconnus dans le pays. On commençait à peine à les étudier en France, pendant qu'ils étaient pratiqués largement et avec succès en Angleterre. Il n'y avait aucune fabrique de tuyaux, aucun ouvrier formé à ces rudes travaux ; à plus forte raison, les instruments spéciaux pour y procéder étaient-ils inconnus.

MM. de Vaulx procédèrent au moyen de tranchées creusées aussi profondément que le permettaient les pentes nécessaires et le lit du ruisseau non encore approfondi. Au fond de ces tranchées on plaçait des fascines de branches de chêne coupées dans un taillis de la propriété.

Malgré l'imperfection de ces procédés, l'assainissement fut assez complet pour produire des effets très supérieurs à ce qu'on espérait. Aussi, ces travaux continuèrent-ils sur une plus vaste échelle, se perfectionnant, se simplifiant de jour en jour avec plein succès, sans trouver partout des imitateurs.

* * *

Pour changer la race des bestiaux et l'améliorer, M. Franz était allé acheter, chez les plus célèbres éleveurs de la Nièvre, des vaches et des taureaux de la belle race charolaise-nivernaise. En 1846, les deux frères se rendaient au concours général de Paris. Ils y admirèrent les bêtes anglaises, les Durham pour la race bovine ; les Dislhey, les South-Downs pour la race ovine ; mais ils jugeaient avec raison que le moment n'était pas encore venu pour eux de se livrer à l'élevage de ces races, remarquables assurément, mais demandant une nourriture et des soins qu'ils n'étaient pas encore en état de leur donner.

En 1852, M. Paul avait été séduit par les relations qu'il avait lues sur les moutons de la race charmoise, race française perfectionnée par M. Malingier. Il se décida à aller visiter les écuries du célèbre éleveur, et il en ramena, sur l'impériale de la diligence, un bélier et une agnelle, qui sont devenus l'origine de la belle race que nous avons admirée longtemps à Boucé et qui a été encore améliorée.

Les progrès opérés dans l'élevage étaient constatés à chaque concours par de nombreuses récompenses. Pour la culture et le produit des terres, M. Paul, dans le canton de Saint-Pourçain, M. Franz, dans l'arrondissement de Lapalisse, obtenaient les médailles d'honneur décernées par la Société d'agriculture de l'Allier à l'agriculteur ayant réalisé le plus de progrès dans la région.

Ces succès de toute nature n'avaient pas entièrement fait disparaître la défiance des paysans. Ces messieurs avaient encore de la peine à trouver des métayers pour les nouvelles exploitations qu'ils entreprenaient. On redoutait les innovations, l'abandon des vieilles routines ; on redoutait surtout la surveillance du maître, l'obéissance absolue exigée par le bail. Il a fallu de nombreuses années pour vaincre ces résistances.

Un axiome, souvent proclamé par M. Paul, était que pour réussir par le métayage il fallait faire gagner de l'argent à ses associés.

M. Franz eut l'occasion de le pratiquer d'une manière si évidente qu'elle aurait dû faire tomber les préventions les plus invétérées. C'est, en effet, vers cette époque, le 11 novembre 1855, que la veuve Malleret fut placée au domaine des Bouvards avec ses neuf enfants. Elle habitait Langy, sans aucune avance, sans autres ressources que le travail de jeunes garçons sortant à peine de l'enfance, mais dirigés par une mère courageuse et chrétienne. M. Franz dut la fournir de tout, ustensiles, cheptel, charrues, bois, blé, etc., ne demandant comme caution que l'obéissance la plus entière et la plus prompte. Cette famille fut placée dans un grand domaine. La veuve, ayant habitué ses enfants à l'obéissance et au travail, répondit pleinement à l'attente de M. Franz. On travailla ferme et cette famille est devenue le modèle des métayers les plus scrupuleusement dociles aux enseignements du maître. Les récoltes furent les plus belles, les bestiaux les mieux soignés. La misère fit place à l'aisance et les enfants, trop nombreux pour une seule métairie, ont essaimé dans plusieurs autres, toujours sous la même direction et avec les mêmes maîtres.

* * *

Tels étaient les titres des deux agriculteurs dont M. le marquis de Chavagnac avait prononcé les noms à M. Rambourg, en invoquant leurs exemples, leurs travaux, pour engager son ami à acheter la terre de Boucé. M. Rambourg répondit à cette avance en disant qu'il fallait que M. Franz voulût bien affermer la propriété. Celui-ci déjà chargé de cultures importantes, ne se trouvait ni assez de temps ni assez de capitaux, pour entreprendre une si lourde charge, mais il proposa une autre combinaison.

En premier lieu, son frère Paul, plus libre de son temps, lui serait associé. En second lieu, à la place d'un bail à ferme, on ferait un simple traité d'association basé sur les conventions adoptées pour la culture d'un domaine de la famille.

M. Rambourg accepta.

MM. Franz et Paul de Vaulx furent donc choisis pour être les régisseurs de la nouvelle propriété.

Leur premier soin fut de faire analyser les terres de cette vaste exploitation agricole. Avant de défricher, de construire, de créer, il fallait se rendre compte de la nature du sol, en connaître la richesse et la valeur chimique. Et quand l'analyse eût donné une réponse favorable à leurs espérances, ils allèrent de l'avant. Nous verrons quels furent les résultats.

La terre de Boucé est uniquement composée de terres arables ; sa contenance est de sept cents hectares. Dès le début, les domaines étaient seulement au nombre de six ; aujourd'hui, ils sont au nombre de quatorze, plus une petite locaterie formée avec les terres de l'ancienne réserve. Celle-ci comprenait uniquement un pré d'une dizaine d'hectares et quatre ou cinq hectares de terre dont une partie cultivée. La principale raison d'être de la réserve était d'avoir un haras d'animaux reproducteurs destinés à l'amélioration du cheptel existant, et à la bonne formation des domaines en projet. Ces raisons venant à disparaître (le cheptel étant parfaitement amélioré, les domaines se trouvant au complet,) on a distribué les reproducteurs chez différents métayers, et la réserve, qui était une charge, a été supprimée. Ses terres ont été ajoutées à celles d'une toute petite locaterie et forment actuellement une très bonne métairie dont le rendement est rémunérateur.

Il y avait autrefois, dans la terre de Boucé, quelques prairies naturelles entourées d'énormes haies servant de clôture. Nous ne parlons pas de cette vaste étendue de terrain appelée Voudelle, à laquelle on ne sait quel nom donner. Ce n'était point une prairie, car les buissons, les arbustes, les ronces, étaient en plus grand nombre et plus drus que l'herbe elle-même. Etait-ce un pacage? On aurait pu à la rigueur lui donner ce nom pendant la belle saison, et encore fallait-il que les pluies et les orages ne fussent pas trop fréquents; autrement, l'eau ne trouvant point d'écoulement et n'étant pas absorbée par le sous-sol imperméable, non seulement restait dans les fossés, les trous et les moindres dépressions de terrain, mais pour peu que les pluies se prolongeassent ou que l'orage fût violent, elle recouvrait entièrement le sol, et le lac reparaissait avec des îles verdoyantes formées par les petites futaies.

Nous avons peine à nous figurer aujourd'hui ce que Voudelle était il y a quarante ans. Le voyageur qui vient de Saint-Gerand-de-Vaux, après avoir descendu les petites collines des Chelettes, traverse une plaine de trois kilomètres de long; il s'arrête ravi devant une végétation exubérante. Au printemps, il admire des champs immenses de blé que le vent courbe avec des ondulations de vagues ; en juillet, c'est une mer d'épis blonds et dorés qui fixent ses regards ; en automne, le sol est couvert de betteraves énormes qui bientôt vont s'amonceler, pour l'hiver, en longs silos de cent et jusqu'à deux cents mètres de long, sur une hauteur de deux mètres et une largeur de quatre à la base. Vraiment, il ne peut concevoir Voudelle un marais infect où les troupeaux mouraient de faim ; Voudelle, un lac où les bergers auraient eu souvent besoin de barques pour rassembler et sauver leurs bêtes.

Les quelques prairies naturelles qui n'étaient pas exposées à être submergées ont donc disparu. Avec elles on a détruit aussi toutes ces énormes haies, fermant très imparfaitement les champs, qui, entre autres inconvénients, rendaient impraticables les chemins qu'elles abritaient et occupaient très inutilement un espace considérable.

*
* *

Dans un pays où les chemins sont d'un établissement et d'un entretien aussi difficiles, on ne pouvait songer, encore moins qu'ailleurs, à établir une seule exploitation centrale. La division des exploitations était une nécessité impé rieuse, car si partout la proximité des champs est un avantage réel pour le cultivateur, à Boucé surtout, le cultivateur et les attelages ne sont jamais trop rapprochés des terres où ils doivent opérer. C'était, en outre, un moyen de multiplier les bras. Nous avons déjà dit que l'on avait conservé les six anciens domaines et que huit ont été créés. Des achats, des ventes et des échanges furent faits en très grand nombre dans le but de rendre la culture et l'administration plus faciles en centralisant les exploitations.

Chaque domaine présente une étendue qui varie de cinquante à soixante hectares. Dans chacun, il y a une famille de colons cultivant à moitié fruits, composée en moyenne de six à huit hommes forts, deux à quatre femmes et trois ou quatre enfants pouvant commencer à travailler et employés plus spécialement à la garde des troupeaux.

La terre fut administrée par MM. Franz et Paul de Vaulx, associés pour son exploitation avec M. Rambourg. Les bases de cette association, comme nous l'avons dit, furent l'objet d'un traité spécial. M. Rambourg, ne pouvant luimême s'occuper de cette exploitation, eut une idée de génie : 1° en laissant à eux-mêmes et à leur initiative personnelle ces deux messieurs ; 2° en n'affermant pas à de petits fermiers chaque domaine séparément.

*
* *

Pour arriver à l'heureux résultat que nous constatons de nos jours, il fallait que le propriétaire eût assez de connaissances en agriculture pour se rendre compte que les nouvelles méthodes de culture pouvaient avoir les plus grands effets dans sa terre ; et il fallait aussi qu'il eût assez de confiance en ses régisseurs pour ne point voir en leurs innovations une folle audace. Souvent un fermier général voudrait améliorer, il a la plus grande certitude que la propriété qu'il fait valoir pourrait donner des rendements bien supérieurs ; mais il se heurte aux idées préconçues d'un propriétaire qui ne peut sortir de la routine, ou qui ne demande que des revenus immédiats.

Affermer en détail la propriété de Boucé eût été se vouer sans remède à cette même routine et se borner aux six domaines existants.

Il fallait des connaissances techniques, des

vues d'ensemble, un plan longuement médité et exactement suivi, dont l'application devait rencontrer des obstacles énormes et exiger des efforts incessants. Or, le petit fermier est incapable de ces vues et de ces efforts. Uniquement préoccupé de son intérêt personnel, il n'a aucune idée de l'intérêt général d'une grande exploitation. Son domaine est pour lui tout le monde ; il ne voit que les résultats pour ainsi dire présents. L'avenir de Boucé était rempli de promesses, mais il fallait savoir lire dans l'avenir. Pour le petit fermier l'avenir est l'incertain, peut-être la continuation pénible d'un passé rempli de misères et de déceptions. Telle était bien l'idée générale, non pas seulement des petits fermiers, mais des simples métayers à cette époque. Quand ils virent MM. de Vaulx à l'œuvre, bouleversant avec la terre les idées routinières ; quand ils furent témoins du défrichement de Voudelle, la terreur s'empara de leur cerveau : tous fuyaient ces insensés qui se lançaient dans une entreprise folle. « Construisez, construisez des greniers dans Voudelle, disaient-ils, vous pourrez y loger des buissons ; vous pouvez mettre des quenouilles pour solives, elles seront assez fortes pour supporter les rats et non les blés que vous prétendez y enfermer ! »

Outre les vues d'ensemble, outre la certitude en l'avenir, il fallait se livrer à des travaux de défrichement, de drainage et de fumure. Etait-ce un petit fermier qui aurait pu réaliser toutes ces améliorations? Nous savons bïen que les premières de ces dépenses incombent au propriétaire ; mais, dans le cas particulier de Boucé, il s'agissait d'innovations, de créations. Or, jamais ces idées n'auraient germé dans la tête la plus intelligente d'un petit fermier. En supposant même qu'un seul eût voulu tenter quelques expériences, les cinq autres n'auraient pas suivi ses méthodes et se seraient bornés aux anciennes cultures. De plus, si le petit fermier tente quelques essais, ou le manque de capitaux ne lui permet pas de pousser très loin ses expériences et il se ruine, comme nous l'avons vu trop souvent ; ou bien il va tant que ses intérêts en ressortent ; au moindre et premier échec, il se décourage et abandonne tout. Ces améliorations, d'ailleurs, dont ils ne pouvaient voir, comme maintenant, les merveilleux résultats, auraient eu pour lui la perspective effrayante d'une augmentation de ferme ; cette pensée seule l'aurait fait frémir et, au besoin, s'opposer à toute entreprise. Comment ! il fallait enfouir des sommes énormes dans la terre ! attendre que le temps toujours incertain fit produire ces capitaux ! En attendant, lui ne verrait que trop la réalité, en payant les intérêts de tout cet argent ! Mieux valait s'en tenir aux coutumes des anciens.

Et ne sont-ce point encore les idées de beaucoup, sinon à Boucé, où l'on peut se rendre compte par ses yeux, où l'évidence force à marcher ; mais, du moins, dans beaucoup d'endroits ? Le petit fermier travaille énormément, mais il ne veut pas compromettre ses avances, quand il en a, encore moins accroître ses dettes en essayant l'inconnu. Pourvu qu'il ait des bœufs dans son étable, que les champs ensemencés donnent une apparence de récolte, il est content, tous ses désirs sont satisfaits. Ses économies, il les enfouit au fond de son armoire, car, après tout, la terre qu'il cultive n'est pas à lui ; il lui fera rendre tout ce qu'il pourra ; tant pis si le fond est ruiné pourvu qu'il paye son terme et mette quelques sous de côté !

Avec ces idées, on peut multiplier les fermes modèles, les écoles d'agriculture et les leçons de professeurs spéciaux. Le fermier admirera l'élégance des écuries et des bâtiments d'exploitation, la nouveauté des machines agricoles, la beauté du cheptel, et il s'en ira en songeant combien sa bourse est plate pour faire tant d'achats, ou encore que, avec la valeur de ces outils, de ces machines, de ces écuries, etc., il aurait un joli capital pour vivre bien tranquille le reste de ses jours. Il ira entendre les leçons d'agriculture, il se montrera d'autant plus enthousiaste qu'il n'aura rien compris aux explications du professeur. Mais, en s'en allant, il rira tout seul de la chimie avec ses mots barbares, des termes scientifiques qu'il ne peut plus se rappeler. Il rira du professeur qui parle bien, mais qu'il regarde comme lui étant bien inférieur. Le monsieur parle : lui cultive ; le monsieur dit de belles et bonnes choses sur la fumure, l'amélioration et la tenue du cheptel ; sur les semoirs, les semences et le reste ; mais si le maître voulait faire tout cela, à la bonne heure ! Lui, fermier, doit toujours dépenser ! Et le terme donc ! Le professeur n'en a point à payer ! Après tout, il connaît sa terre, c'est lui qui la cultive, il sait ce qu'elle peut rendre ! Il sait ce qu'une vache peut donner de lait et de beurre ; ce qu'un bœuf coûte à engraisser ! Ah ! il voudrait bien le voir, le professeur, à l'œuvre : la charrue ou la bêche à la main ! Sur cette dernière réflexion le rire s'accentue, toutes les leçons s'envolent et la routine reste plus que jamais maîtresse du terrain.

Pour que les leçons de l'école devinssent pratiques, il fallait à Boucé non seulement des capitaux, mais des vues générales, un plan, la connaissance du terrain et de sa composition. Il fallait, pour des innovations, une vaste échelle qui laisse une part possible à l'échec, mais pouvant corriger les mauvais résultats. Ces quelques raisons suffisent pour montrer combien il était impossible d'arriver à bien, en adoptant le système de fermage particulier.

* * *

Cependant, nous l'avons dit, on ne pouvait établir une seule exploitation centrale ; la difficulté particulière de la circulation pendant la plus grande partie de l'année, rendait nécessaire la division des exploitations ; cette division entraînait, pour conséquence inévitable, l'adoption du système de culture par colons.

Il n'est aucunement nécessaire d'être profondément versé dans la pratique de l'agriculture pour pouvoir se faire une idée de ce que l'on aurait pu faire dans la terre de Boucé en installant dans chaque domaine un contre-maître chargé de faire marcher une escouade de domestiques de tout âge, manœuvres ou tâcherons.

D'abord, où trouver ces contre-maîtres ? Il y

avait là une première et grave difficulté ; mais, en outre, combien aurait été lourde et ingrate la tâche de celui auquel aurait incombé le fardeau de la direction générale ! La plus grande activité de corps et d'esprit, un travail incessant de jour et de nuit eussent été impuissants pour empêcher les fausses manœuvres, les pertes de temps, les dégradations du matériel : en un mot, des gaspillages de toute nature. La culture par mercenaires est rarement productive, et même, dans beaucoup d'exploitations où elle est usitée, on la modifie en accordant à certains employés des bénéfices proportionnels.

Il y avait encore un système mixte que l'on voit adopté sur plusieurs exploitations. Le maître se constitue un faire-valoir direct en cultivant lui-même un ou deux domaines et le reste de la propriété est soumis au métayage. Cette réserve est une espèce de ferme-école locale. Malheureusement, le métayer est peu disposé à profiter de ce mode d'enseignement ; les revers du maître le frappent beaucoup plus que ses succès; et, d'ailleurs, si l'on va au fond des choses, on finit le plus souvent par voir que le gros de l'ouvrage de la réserve, qui d'habitude comprend les meilleures terres, est presque tout exécuté par les colons au détriment de leur propre travail et que les résultats obtenus sont plus apparents que réels.

Il est un autre mode beaucoup plus simple et plus efficace d'arriver à instruire les métayers : c'est le mode d'enseignement mutuel. Que l'on trouve dans une exploitation un métayer honnête et laborieux, suivant avec docilité et succès les conseils du maître : son exemple et sa réussite seront les meilleurs moyens d'amener les autres à suivre la même direction.

MM. de Vaulx adoptèrent donc purement et franchement, pour l'exploitation de la terre de Boucé, le système de métayage usité dans le pays ; les résultats, auxquels ils sont arrivés, autorisent à dire qu'il était très difficile, sinon impossible, de trouver un mode d'exploitation mieux approprié aux conditions dans lesquelles ils avaient à opérer.

* * *

On a beaucoup écrit et parlé sur le métayage et surtout contre le métayage ; cependant, ce système a plutôt gagné que perdu du terrain ; chose plus étrange : nous avons assisté et nous assistons encore aujourd'hui à une sorte de réhabilitation de ce mode de culture que l'on regardait, il y a quelque quarante ans, comme inconciliable et incompatible avec le moindre progrès agricole. On le voyait attaqué très vivement par des gens qui quelquefois ne le connaissaient à peu près que de nom et qui étaient loin de soupçonner les ressources qu'il pouvait présenter.

En jetant un coup d'œil en arrière, il nous sera facile de nous expliquer ce revirement de l'opinion publique.

Il y a à peu près soixante ans, l'éducation agricole non seulement des métayers, mais de la nation tout entière, était encore à faire. Le propriétaire, le régisseur, le fermier, le maître en un mot, était complètement dépourvu de toute connaissance agricole. Il s'inquiétait peu de la manière dont travaillaient ses métayers et eût été très embarrassé de leur donner le moindre conseil. Son seul souci était de procéder au partage des produits et de vendre ou acheter de son mieux les bestiaux ; cela fait, il croyait sa tâche terminée. La seule prescription relative à la culture, que l'on trouve dans quelques anciens baux, était d'ensemencer la plus grande étendue possible ; ce conseil n'était que trop bien suivi ; c'était faire verser le métayer du côté qu'il penchait. Dépourvu des instruments qui semblent les plus élémentaires aujourd'hui, le métayer, avec son mauvais araire qui pénétrait dans le sol comme un coin, grattait la terre et la relevait en gros sillons, seul moyen connu alors de l'assainir. Ce qui restait des fumiers, placés sous l'égoût des toits, lavés par les pluies et brûlés par le soleil, était conduit dans les champs une fois l'an, à la veille des semailles, et administré aux emblavures à une dose plus ou moins homœopathique. La moisson venue, on se contentait d'un rendement qui variait de trois à sept pour un.

Les étables étaient remplies d'autant d'animaux qu'elles pouvaient en contenir ; ceux-ci vivaient, pendant la belle saison, sur les jachères et les chaumes, des herbes que la Providence voulait bien y faire pousser, et, pendant l'hiver, des maigres produits des prés que l'on avait grandement raison d'appeler prés naturels, car ils ne recevaient jamais ni fumure ni soins d'aucune sorte. On joignait à ce foin les balles et la majeure partie des pailles des céréales. Les bœufs, pour lesquels on réservait pendant l'été les regains des prés, avaient la meilleure part de cette nourriture ; mais les vaches et les veaux, dès leur naissance, ne recevaient que tout juste ce qu'il leur fallait pour ne pas mourir de faim. Et, si l'idée venait au métayer d'engraisser une paire de bœufs, alors c'était la famine réduisant les vaches et les veaux à l'état de squelettes. Quant au choix des reproducteurs, il était laissé le plus souvent au hasard ; si, par extraordinaire, on en choisissait un, on avait bien soin de prendre le moindre des taureaux, par l'excellente raison qu'il aurait pu faire un mauvais bœuf.

N'ayant d'autres plantes sarclées que celles de son jardin, connaissant à peine les plantes fourragères qui composent aujourd'hui les prairies artificielles, prodigue, du reste, de sa peine, se contentant de peu, mais se consumant trop souvent en efforts inutiles; tel était le métayer, il y a quelques années. Et nous ne parlons pas ici des parties pauvres du Bourbonnais ; mais bien uniquement du riche Canton de Varennes ; et encore nous bornons-nous à citer quelques traits saillants. Si nous voulions tout dire, nous aurions une histoire beaucoup trop longue à écrire.

Lorsque les théories agricoles commencèrent à se répandre dans les classes éclairées, quelques maîtres voulurent essayer de diriger leurs métayers dans une meilleure voie ; mais ce fut vainement qu'on leur prêcha un changement aussi radical dans leurs habitudes. Le métayer laissait parler le maître, l'approuvait... du bonnet, mais lui opposait dans l'exécution la résistance la plus opiniâtre et la plus invincible.

Les premières charrues Dombasle mises entre leurs mains, ces instruments,qui nous paraissent maintenant si simples et qui ont permis de tirer des terres glaiseuses de Boucé un parti inespéré, furent brisées par des gens encore plus malintentionnés que maladroits ; elles furent déclarées d'un usage impossible. Les graines de trèfle furent mises au four, et il fut reconnu que le terrain ne pouvait pas en produire. Si le maître cherchait à améliorer ses animaux à l'aide de reproducteurs étrangers, les malheureuses bêtes, réduites à la ration la plus exiguë, ne tardaient pas à être proclamées très inférieures à celles de la race du pays. La lutte, dont nous esquissons seulement quelques épisodes, était continuelle, vive et acharnée, sans trêve ni repos, entre le maître et le métayer.

Ce fut alors que quelques hommes de cœur et d'intelligence, voyant qu'il n'y avait rien à espérer du métayer, essayèrent de l'exploitation directe. Là encore, le maître, quoique ayant sous ses ordres des gens qui ne lui devaient qu'une obéissance passive, eut à soutenir une lutte qui fut longue et difficile. Il éprouva bien des déboires et des mécomptes ; néanmoins, ces efforts ne furent pas inutiles : ces exploitations furent le premier pas fait en avant. Les nouvelles méthodes se répandirent peu à peu, et, des classes éclairées, commencèrent à pénétrer dans la masse des cultivateurs. On put bientôt trouver quelques métayers qui, n'ayant rien à perdre, se hasardèrent à suivre l'impulsion du maître. Il fallut bien que celui-ci leur fît des avances considérables, leur fournît le matériel et la nourriture pendant longtemps ; mais bientôt le succès arriva. Le métayer commença à avoir quelque confiance en son maître, et le maître en son métayer, dans lequel il trouva dès lors un auxiliaire utile.

Quoique le système de métayage fût déjà un peu connu et pratiqué, lorsque MM. de Vaulx vinrent à Boucé, ils rencontrèrent les plus grandes difficultés. Certains des résultats et persuadés que l'enseignement mutuel viendrait à bout de la routine et des préjugés, ils persévèrent dans leur méthode, attendant que le temps et l'expérience leur donnassent raison. Mais la lutte fut encore longue. En butte à la malveillance, aux objections insensées de l'entêtement, ils virent presque tous les anciens métayers quitter la propriété ; il n'en resta qu'un seul.

Ils laissèrent partir les incorrigibles, et agirent envers les nouveaux métayers comme envers la veuve Malleret.

Ils firent bien des avances !

Combien d'anciens métayers ne nous ont-ils pas dit : « Monsieur, j'avais moins que rien « quand je suis entré dans la propriété. M. Paul « m'a avancé trois, quatre et jusqu'à dix mille « francs. » Celui qui nous citait ce dernier chiffre, ajoutait : « Et au bout de six ans, je ne « devais plus que 99 francs ; vous comprenez si « j'étais heureux de toucher de l'argent, la sep-« tième année ; et j'en ai touché pas mal. » Le succès engendra la confiance, et la confiance amena les merveilleux effets que nous constatons aujourd'hui.

Le métayage, tel qu'il est pratiqué à Boucé, donna donc les meilleurs résultats ; il les donnera partout où il sera appliqué de la même manière. Seulement, il demande un contact continuel du maître et du métayer. Il exige, de la part du maître, une grande surveillance, un grand travail, une grande sollicitude ; de la part du métayer, une grande confiance et une grande obéissance. Telle fut bien la manière d'agir de MM. de Vaulx. Ils étaient en contact journalier avec les métayers, ils s'enquéraient de leurs travaux, ils surveillaient ; toutefois, cette surveillance n'en paraissait pas une par le tact qu'ils y mettaient, par l'intérêt qu'ils montraient sur tout ce qui touchait soit au domaine soit à la famille.

Dans les débuts, cette sollicitude devait descendre dans les moindres détails, jusqu'à forcer les métayers à se soigner, à se bien traiter malgré eux. Incertains sur ce que l'avenir leur réservait, âpres au gain, rêvant économie sur tout, ils n'usaient que de mauvaise nourriture. M. Paul, connaissant leur ténacité, leur insouciance, leur imprévoyance pour leur santé, dut agir avec vigueur. Il leur interdit de faire du pain de mauvaise qualité. Avec des comparaisons capables d'être saisies par ces pauvres gens, il leur disait : — « Si vous voulez que vos bœufs travaillent, il faut les nourrir. Eh bien ! vous avez des travaux pénibles, il vous faut une nourriture substantielle. Vous n'avez pas d'autre blé, dites-vous ; je vais vous faire venir ce qui sera nécessaire... » Et le blé arrivait. — « Avez-vous du vin ? » Et, sur la réponse négative, au grand effroi du métayer, plusieurs tonneaux de vin arrivaient. — « Avez-vous du lard ?» Et toujours la réponse était négative, et toujours le lard arrivait. Et quand le métayer au désespoir lui demandait : « Mais, monsieur, avec quoi vous « payerons-nous ? Nous n'avons rien ; nous vous « devons déjà une forte somme. — Ce sera le « pain et le vin, ce sera la bonne nourriture qui « me payeront ! » répondait-il. Il avait raison. La bonne nourriture, le vin pris d'une manière modérée, réparent les forces dépensées en travaux fatigants. Il faut rendre au corps ce qu'il a perdu, comme il faut rendre à la terre les principes nutritifs que les récoltes lui ont enlevés.

M. Paul aimait encore à surprendre les ménagères au milieu des apprêts de la cuisine, les gens du domaine au moment des repas ; et, quand il apercevait trop peu sur la table ou des aliments de mauvaise qualité, il faisait de sévères observations, ordonnait quelquefois d'ajouter de la nourriture ou de la changer si elle n'était pas convenable. — « Vous avez des œufs, disait-il, faites une omelette : ces hommes n'ont point assez ! » Ces avis, ces remontrances produisirent vite leurs effets. Les résultats convainquirent les plus récalcitrants ; et aujourd'hui, il n'est plus besoin d'encourager les métayers à se procurer du vin et une nourriture convenable ; nous croyons qu'il est peu de pays où l'on se traite, sous ce rapport, mieux qu'à Boucé.

Sa sollicitude, sa surveillance s'étendaient à tout. Chaque jour, infatigable marcheur, il visitait presque tous les domaines. Levé de très bonne heure, son grand plaisir était de se montrer le plus matinal ; pour cela, il aimait à surprendre les métayers au lit. Il n'ignorait pas que rien ne remplace l'œil du maître. Si la cuisine avait sa visite, il ne négligeait pas les écuries et les étables. Il surveillait les labours, les ensemencements, se rendait compte avec un soin minutieux des sarclages. Quels progrès il a fait faire, en cela, à la propriété ; mais quelle fermeté il lui fallut déployer. Il ne pouvait supporter l'herbe dans les champs : les chardons, en particulier, avaient le don de l'exaspérer. Les bluets et les coquelicots, malgré les chants des poètes, ne trouvaient pas grâce à ses yeux. Aussi n'engageons-nous pas les fervents du Parnasse à parcourir les plaines de Voudelle pour admirer la beauté rutilante du coquelicot ou la délicatesse du bluet. Leur verve poétique serait en défaut si les moissons et les épis dorés ne suffisaient point à exalter leur imagination sensible.

Le sarclage a été une des grandes préoccupations de M. Paul. Quelle lutte infatigable il lui a fallu soutenir contre le mauvais vouloir ou d'absurdes préjugés ! Comme la plupart des gens de la campagne, le métayer était persuadé que c'est la terre seule qui produit, sans semences, les herbes nuisibles aux récoltes. A quoi bon arracher des plantes, des ravenelles, des chardons, de la folle-avoine, par exemple, quand on est persuadé qu'il en sortira encore autant du sein de la terre ? Quel travail inutile ! Quel temps gaspillé, quand on aurait pu si bien l'employer à d'autres travaux ! Contre ces préventions absurdes, il faut une volonté de fer. Il ne s'agissait point seulement de donner des ordres, il fallait veiller à leur exécution. Souvent l'ordre était donné et paraissait accepté ; mais, quand le maître était parti, le métayer courait à ses ouvriers ou à ses domestiques et les mettait à d'autres occupations. Que faire ? Ce que fit M. de Vaulx : embaucher dix à douze ouvriers, ne plus renouveler l'ordre mais le faire exécuter, aux frais du métayer, par les mercenaires. Devant cette mesure extrême, on sarcla d'abord plutôt mal que bien ; mais enfin on sarcla. Puis, comme on finit par s'apercevoir que l'herbe arrachée ne repoussait pas d'elle-même, qu'elle disparaissait en proportion des soins que l'on apportait à bien sarcler, que la terre n'avait pas la malice de produire d'elle-même les ravenelles et le reste, et que les récoltes étaient plus belles ; on en arriva à ne plus avoir besoin d'ordre ; on fit le travail par conviction. Actuellement, les blés sont piochés avec soin ; on les sarcle non pas une fois, mais plusieurs fois : car, à la veille des moissons, on se livre à ce travail très judicieux, mais que nous avions nous-même considéré tout d'abord comme inutile, de passer dans les champs de blé et d'enlever, épi par épi, la folle-avoine.

* * *

Pour que le métayage produise tout son effet, la sollicitude et la surveillance, etc.,de la part du maître, ne sont pas seules requises ; il faut, avons-nous dit, du côté du métayer, une grande confiance et une grande obéissance. La réunion de toutes ces qualités engendre la bonne harmonie, qui est une question de vie ou de mort. Aussi, nous ne comprenons pas que l'on puisse faire des baux pour plus d'un an. C'est une règle invariable établie par MM. de Vaulx. Qu'un maître rencontre un mauvais métayer, ou un métayer un mauvais maître ; dès que le bon accord cesse, on ne se quitte jamais trop tôt. A la première difficulté que ces Messieurs avaient avec un métayer, ils l'invitaient à passer chez le notaire, à leur rapporter la grosse qu'ils s'étaient réservée en passant l'acte, à s'en faire lire et à en méditer les conditions. Si ce premier avis ne suffisait pas, ils l'engageaient à chercher un autre maître ; et, après les premières années, ils ne furent jamais embarrassés pour remplacer un métayer sortant. Pour un, il s'en présente dix. Mais comme le maître et le métayer ont, de part et d'autre, intérêt à ne point changer à la légère, rarement on avait recours à ces moyens extrêmes.

* * *

Le métayage favorise l'économie. Tout le monde connaît l'insouciance avec laquelle l'ouvrier attaché à l'industrie gaspille le produit de son travail sans s'inquiéter de son avenir. Des ouvriers, qui gagnent des salaires énormes, ne peuvent subvenir aux frais du ménage. Ils se créent des besoins factices, rendus encore plus tyranniques par l'association. Par suite d'habitudes funestes, le père de famille dépense en deux jours le gain de plusieurs semaines de travail. S'il réfléchissait, il se rendrait compte que la somme énorme qu'il a dépensée follement aurait suffi amplement pour procurer, à lui et à sa famille, beaucoup plus de bien-être matériel qu'il n'en a éprouvé seul. Mais nous ne prétendons pas faire un cours d'économie domestique à l'usage des ouvriers, ni vouloir les corriger ; nous ne faisons qu'une simple constatation.

Ce que nous disons de l'ouvrier de l'industrie, nous le disons aussi du travailleur rural, lorsqu'il vit isolément. Il a, lui aussi, beaucoup plus d'occasions de se laisser entraîner aux folles dépenses. Pour le métayer, il en est autrement. Le produit du travail fait en commun constitue pour la famille un patrimoine qui appartient à tous. Aussi ceux que MM. de Vaulx prenaient pauvres, arrivèrent au bout de quelques années à l'aisance ; ceux qu'ils avaient pris dans l'aisance sont maintenant arrivés à la richesse. Ils ont non seulement des capitaux, mais encore des terres, des locateries ; et le chef de famille, parvenu à l'âge où il sera obligé de renoncer au travail, pourra reposer sa tête sous un toit conquis par son ordre et son économie.

* * *

Un autre des nombreux avantages que présente le métayage est de pouvoir opérer avec des capitaux beaucoup moins considérables qu'avec les autres modes de culture, car une portion notable du capital de chaque exploitation appartient en propre au métayer. Ainsi, il est propriétaire exclusif de tous les instruments de labour et de transport, des outils ; en un mot, de tout le matériel agricole ; et il faut qu'il en soit ainsi, parce que le métayer, généralement peu soigneux de sa nature, laisserait se dégrader, se briser ou perdre, sans s'en inquiéter, un matériel qui ne lui appartiendrait pas. Il est encore propriétaire d'une notable partie du cheptel. Il ne reçoit gratuitement à son entrée qu'une certaine valeur en cheptel ; il rembourse le surplus au colon sortant ; et, s'il ne peut faire cette avance, elle est faite par le maître. A sa sortie, il ne doit laisser que ce qu'il a reçu, et il a droit à la moitié de l'accroissement du cheptel qui a eu lieu, de son entrée à la fin de sa jouissance.

* * *

Nous savons que, à l'entrée de MM. de Vaulx comme régisseurs de la propriété de M. Louis Rambourg, il n'y avait, sur ces sept cents hectares, que six domaines et que, aujourd'hui, ils sont au nombre de quatorze ; sept nouveaux furent créés et un huitième acheté : or, tous les nouveaux se trouvent dans cette partie appelée Voudelle qu'il fallut entièrement défricher.

De nos jours, il reste à conquérir à la culture très peu de terrains de la nature de ceux de Voudelle, que les eaux avaient jusqu'alors préservés du contact de la charrue. Aussi, lorsque l'on parle de défrichements, l'imagination vous fait entrevoir soit des landes, soit de vastes plaines siliceuses ou granitiques. Là, bêtes et gens marchent de pied ferme, et la charrue vient facilement à bout des touffes de bruyères, des racines du genêt sauvage ou des grandes fougères. Dans Voudelle, c'était tout autre chose. On opérait sur d'anciens bois exploités depuis une trentaine d'années, mais qui avaient peu repoussé. Quoiqu'on eût invité tous les gens à venir, dans les moments de la morte saison, arracher et prendre tout ce qu'ils voudraient de vieilles souches restant de l'exploitation, ils en avaient laissé la plus grande partie. De plus, de fortes broussailles, dans beaucoup d'endroits, présentaient des racines qui résistaient à l'acier des coutres, et bien souvent la charrue ne pouvait avancer qu'avec l'aide de la pioche et de la hache. C'est dans ce travail de défrichement que l'activité énergique de M. Paul se donna libre carrière. Il ne se contentait pas de donner des ordres ou des encouragements, mais il mettait la main à l'œuvre. Tantôt, il dirigeait lui-même la charrue ; tantôt, saisissant l'aiguillon, il excitait ces énormes attelages de huit bœufs. « Rien ne « l'arrêtait, nous racontait un des plus anciens « métayers ; c'était effrayant parfois. » La charrue arrivait dans des racines de vieux chênes et se trouvait arrêtée, serrée comme dans un étau. Impossible d'avancer, impossible de reculer. L'attelage, excité par les cris et les coups des bouviers, refusait de plus énergiques efforts. Le métayer, entendant les craquements des racines et de sa charrue, tremblait pour son instrument; il n'osait pousser davantage ses bêtes; il s'arrêtait découragé : — « Eh bien ! eh bien ! disait tout à coup une voix connue ; qu'est-ce qu'il y a que vous vous arrêtez? » C'était M. Paul apparaissant juste au moment voulu. — « Ce qu'il y a, monsieur, c'est que nous ne pouvons plus rien faire. Impossible de remuer ; impossible d'aller plus avant. — Ah ! c'est impossible, nous allons voir. » Et on le voyait, en effet, saisir un aiguillon, exciter, presser l'attelage. Les gens se mettaient à crier, les bouviers à redoubler les coups, et les huit bœufs faisaient un suprême et plus vigoureux effort : la charrue gémissait, les racines éclataient avec fracas, la terre se soulevait, l'obstacle était surmonté et le sillon continuait à se creuser. Et, tous les jours, les mêmes découragements se manifestaient, et tous les jours la victoire restait à la volonté tenace et résolue. Souvent, la charrue volait en éclats. C'était, pour M. de Vaulx, un triomphe et une joie. Les instruments de rechange ne manquaient pas. On courait à la réserve ou chez le maréchal-ferrant, et le travail n'était pas interrompu. « Oui, monsieur, nous répétait le même métayer, j'ai vu les charrues se briser, et parfois non pas une, mais plusieurs le même jour. »

Pour surcroît de difficultés, les longs attelages de huit bœufs rencontraient fréquemment les tranchées béantes des drainages dans lesquelles disparaissaient souvent soit un bœuf, soit un des bouviers chargés de les aiguillonner, soit la charrue elle-même avec son conducteur. Bref, le défrichement de Voudelle a été une conquête qu'il a fallu faire pied à pied et avec tant de peine que, par les brouillards les plus épais, on n'était jamais embarrassé pour trouver les hommes obligés de pousser sans cesse, pour exciter les bœufs, force cris qui indiquaient, à de très grandes distances, l'endroit où ils travaillaient.

Nous devons dire que les métayers, se sentant appuyés par leurs maîtres, montrèrent un véritable héroïsme, d'autant plus méritoire que, le plus souvent, ils savaient que la terre ainsi défrichée resterait plus de dix-huit mois avant d'être en état de recevoir des semences. Ce concours des métayers fut aussi une réelle économie. Sans lui, en effet, de quelque manière que MM. de Vaulx eussent pu s'y prendre pour opérer de semblables travaux, il est incontestable qu'ils n'auraient pu les faire accomplir sans y sacrifier un capital très considérable, qui fut ainsi économisé en entier. La méthode fut, sans doute, un peu lente, car Voudelle ne fut entièrement en rapport qu'en l'année 1864 ; mais ici nous ferons remarquer la préoccupation singulièrement délicate de ces Messieurs ; ils voulaient faire beaucoup en ménageant les capitaux de M. Rambourg.

* * *

A mesure que les défrichements augmentaient, le terrain favorable à la culture s'étendait aussi ; la construction de nouveaux domaines s'imposait. On fit peu de changements aux bâtiments des anciens ; cependant on les améliora autant qu'on put le faire. Pour les nouveaux, ils ont été construits sur des plans à peu près uniformes. On s'efforça de tirer parti desquelques matériaux qui étaient sous la main. Les étables sont beaucoup plus aérées que celles que l'on a l'habitude de construire dans le pays ; elles ont été disposées de manière à faciliter l'enlèvement des fumiers qui sont toujours transportés des écuries dans les champs, afin qu'il n'y ait aucune déperdition du purin qui doit être absorbé en entier par les litières. Ce travail est facilité dans beaucoup d'écuries par la largeur donnée à ces étables, ainsi on peut, sans faire sortir les animaux, introduire un tombereau et le charger dans l'écurie même. C'est là une appréciable économie de temps et de main-d'œuvre. De même, on transporte immédiatement le fumier dans les champs, qui reçoivent, sans déperdition, tous les principes nécessaires à une bonne fumure. Point donc de ces énormes pelotes de fumier dont le moindre inconvénient est d'encombrer et de salir les abords du domaine, et qui sont lavées par les pluies et desséchées par le soleil, perdant de cette façon la plus grande partie de leur valeur chimique.

On aurait pu, nous direz-vous, recevoir les eaux dans une fosse à purin et en arroser la pelote très-souvent, comme cela se fait dans plusieurs exploitations modèles? De l'avis de professeurs émérites, c'est la meilleure méthode de traiter les engrais. MM. de Vaulx, très au courant des questions agronomiques, puisque M. Paul avait suivi les cours de l'école, et qu'ils recevaient des revues spéciales, savaient parfaitement la valeur théorique des méthodes ; mais ils avaient une connaissance pratique qui, dans l'application, vaut souvent mieux que la théorie. D'abord, il eût fallu établir ces fosses dans quatorze domaines, ce qui augmentait la difficulté de la surveillance ; en outre, il eût fallu multiplier les bras : 1° pour les arrosages, 2° pour sortir les fumiers de l'écurie à la fosse, 3° pour les charger de la tosse sur les tombereaux et les conduire dans les champs ; de là, multiplication de main-d'œuvre. Or, tout bien considéré, MM. de Vaulx se rendirent compte que la valeur donnée aux engrais par le système des arrosages, vu aussi la négligence des métayers, ne compensait pas le nombre des bras exigés et la perte du temps employé à toutes ces manœuvres. Voilà pourquoi le fumier est transporté directement de l'étable aux champs sur lesquels il est étendu immédiatement, si les travaux le demandent, ou sur lesquels il reste quelque peu de temps, si besoin est, mais alors les principes réparateurs ne sont point perdus ; ils vont à la terre sur laquelle ils reposent et ne coulent pas, ainsi que nous le voyons trop souvent, dans les cours des domaines ou les fossés avoisinants.

Dans les constructions les régisseurs s'occupèrent principalement d'abriter les animaux et les fourrages, l'introduction des machines à battre permettant de supprimer les granges autrefois consacrées au battage au fléau. Certes, ils ne visaient pas à faire ces magnifiques étables, ces écuries splendides qui excitent l'admiration ;

ils allaient à l'économie, tout en faisant de la manière la plus pratique. On sera persuadé de ce que nous disons, quand on saura que les domaines neufs coûtaient en moyenne de douze à quinze mille francs, non compris les transports qui ont été faits tous sans exception par les bestiaux de la terre, ni les bois qui ont été pris sur la propriété. En cela, comme en défrichement, l'idée dominante fut d'épargner les capitaux de M. Rambourg et de lui donner en même temps des revenus. Aussi, ces domaines pouvaient passer pour des modèles d'économie pratique ; mais non pour des fermes-écoles.

Tout autres sont les derniers construits, il y a quelques années, à la place d'anciens. Une grange et une écurie surtout, situées au domaine des Montagnes, peuvent certainement être données comme modèles d'économie, de solidité et de facilités de toutes sortes ; d'autant plus que la construction, sur le même modèle, peut recevoir tout le confortable et le luxe désirés.

* * *

Dérficher n'était pas tout, il fallait rendre productif ce terrain en l'assainissant : d'où les importants drainages nécessités par la nature du sous-sol. Si, avant les défrichements, le lac reparaissait à la suite de pluies torrentielles, qu'aurait été cette terre glaiseuse, divisée par la charrue, ameublie par la gelée ou la chaleur ? Pendant les saisons pluvieuses, elle aurait ressemblé à une glu épaisse, inaccessible aux animaux et aux voitures ; par le fait, le défrichement aurait été sinon en pure perte, du moins n'aurait pas répondu à tant de fatigues et de dépenses. Les travaux de desséchement et de drainage furent donc entrepris et exécutés sur une très grande échelle.

Jusqu'alors on peut bien dire que les cultivateurs, à part MM. de Vaulx, ignoraient ce que c'était que le drainage ; mais surtout ne se rendaient pas compte de ses avantages. L'eau envahissait-elle une terre ? une source inondait-elle un pré ; occasionnant des mouillères dans lesquelles disparaissaient de temps en temps un cheval ou un bœuf ? on se contentait de creuser quelques rigoles, un très petit fossé ; et, quand on avait remédié aux plus graves dommages, on croyait avoir sauvé la situation. Pour le reste, on se contentait de dire que la terre était mouillée. Après cette constatation éminemment pratique, on dépréciait un terrain qui aurait donné les meilleures récoltes, un pré dont le rendement aurait doublé. Les travaux exécutés à Boucé ont ouvert bien des yeux et donné une heureuse impulsion. Aujourd'hui, les propriétaires intelligents se mettent résolument à l'œuvre, sachant que le capital enfoui en tuyaux, leur sera vite rendu en intérêts.

Ces travaux de drainage furent faits à Boucé, non seulement dans la partie défrichée de Voudelle, mais sur toute l'étendue de la propriété. Que de difficultés ! quel travail vraiment gigantesque !

Creuser des drains, les réunir à des collecteurs, paraît tout d'abord un travail assez simple. Cela est vrai dans un pays qui, sans être très accidenté, présente à l'écoulement des eaux, une pente normale ; il n'y a qu'à suivre cette pente, et le travail est simplifié. Mais, à Boucé, il n'en était pas ainsi. On se trouvait en présence d'une plaine dont la pente est insensible, et comme les travaux devaient donner une longueur énorme à certains collecteurs, il s'en suivait que, si le point de départ du collecteur n'offrait aucune difficulté, son point de déversement en offrait les plus grandes : parce que, bien qu'on eût donné la pente la plus minime par mètre, le niveau du collecteur se trouvait au-dessous du lit du ruisseau auquel il aboutissait. On fut donc obligé de creuser et de redresser le Valençon, ainsi que ses affluents, sur une longueur de plusieurs kilomètres. En outre, comme les affluents étaient peu nombreux, on creusa de main d'homme plusieurs autres ruisseaux qui, tous, vinrent aboutir au Valençon.

L'imagination reste stupéfaite en présence de ce travail vraiment extraordinaire. Pour le mener à bien (1), MM. de Vaulx eurent recours à la collaboration éclairée et savante de MM. les ingénieurs des ponts-et-chaussées. Ils ne voulurent point exécuter un seul drainage sans un plan détaillé et complet dressé par eux. MM. Virollet, conducteur, et Védrine, piqueur, sous les ordres immédiats de M. de Lafosse, ingénieur chargé du service hydraulique, ont non

(1) Il fallut l'intervention de M. Rambourg et d'un préfet éclairé pour lever les difficultés légales et les oppositions nombreuses des propriétaires riverains du Valençon. Ceux-ci furent longtemps à comprendre les avantages du drainage, et quand, vaincus par l'évidence, ils consentirent à faire exécuter des travaux dans leurs propriétés, ils résistèrent encore au désir de M. Rambourg qui voulait les réunir en syndicat pour le curage du Valençon. Le projet d'association, soumis en 1868 à une assemblée générale des propriétaires, n'obtint l'adhésion que de 83 propriéatires sur 152 intéressés.... Ce ne fut qu'au 16 avril 1869 que cette association syndicale fut définitivement constituée, sous le nom de *Syndicat du Haut-Valençon*, qui s'étend sur sept communes, comprenant 2,500 hectares environ de terrains drainés.

seulement fait toutes les opérations préparatoires, mais encore ont veillé eux-mêmes sur les lieux, à la stricte exécution des travaux. Aussi ces drainages, sans lesquels la majeure partie des terres serait complétement improductive, ont contribué d'une manière remarquable à la fertilité du sol, en donnant à l'excédent des eaux un écoulement favorable.

* * *

Il nous resterait à parler du roulage : nous nous contenterons de dire que tous les matériaux pour la construction ou la réparation des domaines, tous les tuyaux pour le drainage de 630 hectares au minimum, ont été transportés par les métayers. Aucun entrepreneur n'aurait voulu essayer de lutter contre les bourbiers de Boucé ; or, malgré tout ce que l'on put faire pour utiliser les matériaux les plus rapprochés, il n'y avait rien sur place dans le désert de Voudelle. Parlerons-nous des chemins qu'il fallut tracer et empierrer ? Nous n'osons pas énoncer un chiffre, même approximatif, de mètres cubes : on crierait à l'exagération et à l'invraisemblance.

*
* *

On comprendra, par ce résumé très succint des travaux qui ont été faits, que la physionomie de Boucé ait complétement changé et que l'agriculture y soit très florissante. Mais que l'on n'aille pas croire que l'administration de la propriété de M. Rambourg soit peu de chose maintenant. Pour être simplifiée, elle n'en demande pas moins une grande activité, une grande surveillance, et de grandes connaissances en agriculture. La proprieté est toute en rapport et dans un état très prospère, il est vrai ; mais elle demande de nombreux entretiens, et cela sans interruption aucune. La négligence ou une fausse spéculation entraînerait les plus funestes conséquences et Boucé ne tarderait pas à déchoir d'une façon lamentable. L'administration n'est donc pas une sinécure, comme on pourrait facilement se l'imaginer. Pour en donner une toute petite idée, nous allons présenter un tableau sommaire de l'organisation actuelle des domaines.

ORGANISATION DES DOMAINES

Assolements.

Tous les domaines sont soumis à un assolement régulier de neuf ans :

1re Année. — Jachère labourée et fumée dont partie indéterminée en plantes sarclées ; betteraves dans la meilleure partie plus fortement fumée.

2e Année. — Blé.

3e Année. — Trèfle fauché.

4e Année. — Trèfle pacagé et demi jachère.

5e Année. — Blé.

6e Année. — Jachère comme à la première année.

7e Année. — Blé.

8e Année. — Avoine ou orge.

9e Année. — Sainfoin ou luzerne ayant une durée indéterminée.

Marnages.

Des marnages ont été faits sur une assez grande étendue dans les commencements. Ils le furent en exécutant les drainages. On avait sorti des tranchées de très bonne marne ; au lieu de la remettre, elle fut répandue à la surface du sol. Ce que l'on fait encore maintenant, lorsque l'on redraine d'autres parties.

Fumures.

Le guano a été employé à plusieurs reprises ; mais ses effets ont été peu sensibles.

Le fumier ordinaire est, nous pouvons bien dire, le seul engrais employé dans la propriété ; sa qualité est notablement améliorée par les tourteaux que consomment les bestiaux. Si la quantité produite par le domaine n'est pas suffisante, on le fait venir par wagons, généralement de Clermont-Ferrand.

Labours.

Les labours se font le plus souvent avec la grand charrue Dombasle, avec avant-train ; on y a adapté des oreilles en bois, qui fonctionnent beaucoup mieux que celles en fonte dans les terres glaiseuses et mouillées. Ces charrues, tirées primitivement de la fabrique de Nancy, sont maintenant fabriquées par le maréchal de Boucé, et plus fortement établies que celles qui ont servi de type.

On n'emploie pas le mode d'attelage usité ordinairement dans le pays, qui consiste à attacher le timon, fixé au joug de chaque paire de bœufs, au timon de la paire qui suit. Il résulte, en effet, que, s'il n'y a pas beaucoup d'ensemble dans les mouvements, les premiers bœufs sont obligés de tirer les seconds, ceux-ci les autres en même temps que la charrue. On a remplacé les timons par des chaînes qui prennent leur point de départ à la charrue même ; de sorte qu'il y a beaucoup moins de forces perdues et que les mouvements des animaux ont beaucoup plus de liberté.

Chaque métayer est tenu d'avoir sa grosse charrue à lui ; il en possède également plusieurs autres de moindre force.

On emploie pour les labours ordinairement quatre vaches et deux bœufs, et souvent six ou huit vaches.

La profondeur des labours est de quinze à vingt centimètres. Ils s'exécutent en planches de dimensions variables.

Les labours se font toute l'année et autant que possible en temps sec.

L'ancien araire du pays, dit *ario,* à un seul manche droit, double versoir en bois et fer en pointe, sert pour quelques façons superficielles, ou comme rayonneur.

Pour herser on ne se sert plus maintenant que des herses articulées.

Semis.

Les semis se font à la volée ; dans certains cas, les semences sont enfouies sous raies ; d'autres fois, enterrées à la herse sur labours à la charrue.

Les blés destinés à la semence sont tous criblés au trieur. On en fait autant pour les semences d'orge et d'avoine. Ce triage répété chaque année a complètement transformé la nature des blés, qui présentent peu de graines étrangères. Ils sont lessivés au sulfate de cuivre pour les préserver de la carie.

Les semailles se font à peu près pendant le mois d'octobre, suivant que le temps est plus ou moins favorable. On sème de sept à huit doubles décalitres à l'hectare, qui rendent, en moyenne, vingt pour un ; résultat évidemment supérieur à celui que l'on obtient dans les domaines où le retour des céréales est plus fréquent. En certaines années plus favorables, le rendement a été de trente à trente-cinq pour un.

Les variétés semées sont le Dattel et le blé bleu de Noé.

Les blés, outre un sarclage minutieux, reçoivent quelquefois, au printemps, dans les terres argileuses, une façon à la herse par un temps sec ; de même ils sont passés au rouleau.

La moisson se fait avec la faucille ou la faux à rateaux. Les métayers louent des ouvriers, la plupart nomades, qui travaillent tous généralement à la tâche. La moisson s'opère du milieu de juillet au commencement d'août, suivant la maturité.

Les métayers construisent de petites meules, dites *plongeons*, après avoir laissé sécher les gerbes en petits tas en forme de croix de douze à treize gerbes. On ne construit pas de ces énormes meules où toute une récolte est soigneusement empilée. C'est là un système très rationnel employé par MM. de Vaulx. En effet, outre la sécurité, le temps employé à charrier les blés et à les empiler en meule, est souvent bien précieux pour la saison. Au lieu de se livrer à ce travail, le métayer fait ses labours. Au moment du battage, le personnel des domaines se prête une mutuelle assistance ; on va chercher dans les champs le blé qui passe directement du char à la machine. Nous avouons, cependant, que cette méthode n'est pas pratique partout ; car il faut un certain nombre de domaines pour arriver à de bons résultats.

Aussitôt que la chose est possible, on fait battre tous les grains par deux machines à vapeur, qui sont occupées pendant trois semaines environ. Le métayer fournit sa part d'ouvriers, ainsi que la régie, et les dépenses sont à moitié. Une journée de machine revient à 100 francs à peu près. On trouve avantage à traiter avec deux mécaniciens, plutôt que de posséder deux machines qui demandent des soins particuliers et des réparations, outre l'amortissement d'un capital assez fort.

C'est au moment du battage qu'a lieu le partage des grains.

Les pailles sont mises en meules et transportées aux écuries à mesure des besoins.

L'orge et l'avoine sont également cultivée à Boucé ; leur culture ne présente rien de particulier.

Culture des Racines.

Les betteraves et pommes de terre sont semées à la main en ligne et reçoivent trois façons à la houe à main, dont un buttage pour les pommes de terre. Nous devons dire que la pomme de terre n'est l'objet d'aucune spéculation. On en sème à peu près uniquement pour les besoins des domaines.

Les betteraves, au contraire, sont cultivées sur une vaste échelle ; elles réussissent d'une manière remarquable. La variété presque uniquement cultivée est la globe jaune. Elles servent à engraisser les animaux, et elles sont toutes consommées par eux. Pour cela on les conserve en silos pendant l'hiver.

Autres Cultures.

Il n'y a pas d'autres cultures actuellement dans la propriété. On fit, il y a déjà longtemps, un essai de culture sur le lin. Cet essai réussit parfaitement. On récolta, sur trois hectares, pour une valeur totale de 1,500 francs de graines. Le produit de la matière textile était également abondant; malheureusement, on ne put en tirer aucun parti, par suite du manque de débouchés. On renonça à cette culture.

Animaux domestiques.

Les animaux de l'espèce bovine sont surtout Nivernais-Charolais. On s'attache moins à la pureté de la race qu'à la force nécessaire pour le travail.

Espèce bovine.

Tous les cheptels ne sont en général composés

que de vaches de travail, au nombre de dix à douze.

Tous les autres animaux, bœufs, génisses, sont engraissés pendant l'hiver, et vont à la boucherie.

Les veaux sont vendus gras à la boucherie, à l'âge de quinze à seize mois.

Pendant l'été, on ne garde que les bêtes de travail ; on économise ainsi le foin pour l'hiver. Au mois de septembre, on garnit les écuries, suivant la quantité de betteraves et de foin emmagasiné dans les fenils.

On engraisse de trois à quatre cents bêtes par an. Pour cela, on leur donne des foins naturels ou artificiels, des betteraves, des tourteaux d'arachides et de colzas, de la farine d'orge, de la paille et même des haricots cuits, quand cette denrée est à bas prix. On leur donne également du sel dénaturé au tourteau.

Les animaux sont constamment nourris à l'écurie ; cependant, à l'automne, on leur fai t pacager les secondes herbes.

Le lait ne fait l'objet d'aucune spéculation Les métayers en prélèvent une certaine quantité pour les besoins du ménage.

Les bœufs qui travaillent, ainsi que les vaches sont ferrés.

Espèce ovine.

Il y a, dans chaque domaine, une trentaine de brebis mères. Elles sont de race Charmoise-South-down. Les béliers de race South-down ont été pris à l'écurie de M. de Bouillé.

Les bergeries sont construites de manière que le mouton n'ait pas à y souffrir de la chaleur, et elles sont garnies de râteliers mobiles. On y a opéré trois séparations : l'une est réservée aux brebis mères et à leurs agneaux jusqu'au sevrage, l'autre aux antenaises et enfin la troisième aux antenais et aux brebis réformées que l'on engraisse ensemble.

Les agneaux sont sevrés à l'âge de cinq mois ; ils consomment tout le lait des brebis.

Les animaux sont nourris pendant la plus grande partie de l'année sur des pacages semés pour eux. On évite avec le plus grand soin de les faire sortir par la pluie. Lorsque l'herbe est peu abondante dans les champs, ils reçoivent à l'étable un supplément de nourriture sèche. On remplit leurs râteliers de très grande quantité de paille que l'on renouvelle souvent. On leur donne en outre des foins artificiels.

Ceux qui sont à l'engrais reçoivent, outre les fourrages, des tourteaux, des betteraves, des farines, du son et même de l'avoine, quand elle est à vil prix. A tous également on donne du sel de temps en temps.

De même que les animaux de l'espèce bovine, ceux de la race ovine vont tous à la boucherie. Les moutons s'engraissent à l'âge de onze à douze mois, et les vieilles brebis réformées à l'âge de six ans.

On ne tond pas les agneaux. La laine des brebis est partagée.

Depuis le commencement de l'exploitation, les bêtes à cornes, comme les moutons, n'ont pas éprouvé de maladies épidémiques ; les uns et les autres sont rarement malades.

Espèce porcine.

L'élevage du porc ou son engraissement ne sont l'objet d'aucune spéculation. On en a quelques-uns uniquement pour la consommation des ménages.

* * *

De cette organisation, que nous n'avons fait qu'indiquer très sommairement, il résulte clairement que le but de MM. de Vaulx était d'obtenir des rendements très rémunérateurs pour le propriétaire, pour les régisseurs et pour les métayers et non point de viser à la ferme-école. Toutefois, nous n'hésitons pas à proposer leur méthode comme modèle excellent à suivre. Dans l'engrais des animaux, ils ne se sont point donné comme but la bête de concours, mais l'animal de vente à la boucherie. Cependant, ils se sont présentés aux concours divers, soit régionaux, soit départementaux, même aux concours généraux de Paris, tant pour encourager les métayers que pour donner à l'agriculture l'essor que les concours sont destinés à imprimer. Les récompenses ont été des plus nombreuses et des plus variées, tant en mentions qu'en médailles d'or et d'argent et prix de toutes catégories.

Mais c'était sans un grand enthousiasme pour la gloire quelque peu éphémère d'une récompense. Ils savaient ce que coûte parfois la gloire, et le renom n'est pas toujours une garantie de revenus bien nets.

Peut-être auraient-ils pris une part plus directe à ces concours, si la distribution des récompenses avait été faite selon leur manière de voir. Nous nous expliquons sur ces mots pour ne laisser aucune équivoque.

Sans suspecter l'indépendance des membres du jury chargé de statuer sur la valeur et le mérite des bêtes amenées aux concours, ils ont cependant toujours regretté que les noms des exposants fussent connus du Jury au moment de la visite et des délibérations. Leur pensée était loin d'incriminer les verdicts rendus ; mais, connaissant la faiblesse humaine, ils se demandaient si des rapports, plus ou moins intimes entre tel membre du jury et le possesseur d'une bête, ne pouvaient pas avoir une légère influence sur les décisions. Nous convenons que l'ignorance des noms serait un témoignage bien authentique d'impartialité. La connaissance peut prêter un appui à la pauvre nature humaine. L'ignorance ne peut donner que de bons résultats : le jury, dans cette hypothèse, jugeant en toute indépendance, ne pourra primer que les bêtes ; la malveillance elle-même ne dira plus qu'il a primé les gens.

Nous ne savons si notre but a été atteint : il était de donner une idée des travaux exigés et réalisés, des difficultés à vaincre, pour arriver à cette belle organisation de la terre de Boucé, et montrer la valeur en agriculture de ces deux hommes de bien, MM. Franz et Paul de Vaulx. Quoi qu'il en soit de nos efforts et de leur réussite, il est un fait évident : c'est que la propriété de M. Rambourg a acquis une plus-value énorme. Nous ne nous tromperions pas en disant qu'elle a certainement triplé de valeur. D'ailleurs, on pourra facilement s'en rendre compte par la remarque suivante: A la sortie du dernier fermier de M. de Barral, M. Tridon, il fut récolté dans la terre de Boucé dix-huit cents doubles décalitres de mauvais blé ; il y a quatre ou cinq ans, la récolte, dans cette même terre, donna plus de quarante mille doubles décalitres de blé bien supérieur en qualité. On nous objectera que les domaines sont beaucoup plus nombreux maintenant qu'alors. C'est évident, puisqu'il y en a huit de plus que du temps de M. Tridon ; et, néanmoins, nous persistons à maintenir nos chiffres en regard. La raison en est qu'on n'avait pas ensemencé une superficie plus grande dans les quatorze domaines que dans les six primitivement existants. Cette conclusion supplée à l'indigence de nos preuves.

Il est aussi évident, en second lieu, que les métayers laborieux et économes ont dû réaliser et réalisent encore de beaux bénéfices, surtout quand on saura que leurs impôts furent de beaucoup diminués à l'entrée en jouissance des régisseurs, et qu'ils sont toujours restés les mêmes. Il est certain que ces Messieurs leur abandonnent, en pleine connaissance de cause, une portion notable des produits de la terre qu'ils pourraient, sans la moindre difficulté, faire rentrer sous forme d'augmentation d'impôts, et sans s'écarter des conditions ordinaires des contrats de métayage. Ils trouveraient très facilement des colons qui consentiraient volontiers à cette augmentation ; mais MM. de Vaulx ne mettent pas leurs domaines à l'enchère. S'ils aiment que les métayers travaillent avec ardeur, ils veulent leur donner un travail très rémunérateur.

DEUXIÈME PARTIE

Dire de MM. Franz et Paul de Vaulx qu'ils furent de bons agriculteurs n'est pas assez les faire connaître ; nous devons ajouter qu'ils furent de solides et fervents chrétiens. Hommes de devoirs, ils puisèrent la force de les remplir tous dans leurs convictions profondément religieuses. Chez eux, ces convictions, qui sont au fond de bien des cœurs humainement honnêtes, ne restèrent point à l'état latent ; elles furent franchement arborées et fidèlement pratiquées. Point de tergiversation, point de compromis avec le respect humain. Par leur méthode en agriculture, ils donnèrent des exemples qui ont fait de nombreux admirateurs et imitateurs. Par la pratique de tous les devoirs chrétiens, ils donnèrent des exemples dont l'influence s'est fait heureusement sentir. Ils étaient de grands semeurs. Combien peu les ont fréquentés sans faire au fond du cœur de sérieuses réflexions ! Eux, simples et modestes, ne visaient point à l'apostolat ; leur humilité eût été singulièrement effarouchée, si on leur eût dit qu'ils étaient des prédicateurs émérites ; et cependant, ils semaient à leur insu des germes de foi et de religion, dont nous avons déjà vu la moisson, et qui promettent une récolte encore plus abondante.

Le sentiment, l'accomplissement du devoir chrétien fut leur règle en tout. Grâce à Dieu, l'intérêt, qui est le mobile dominant de notre siècle gangrené, n'est pas le seul pour certaines âmes d'élite. L'industrie nous a donné de nobles exemples ; l'agriculture, dans son rôle si étendu, mais si modeste et si déprécié, nous en livre de non moins frappants. Honneur à ces hommes de foi qui ne considèrent pas leurs employés, métayers ou fermiers, comme un bétail humain faisant partie du capital d'exploitation ; mais qui voient en eux des créatures humaines douées d'une âme venue de Dieu et destinée à Dieu ! L'intérêt pour eux passe après le devoir.

Ces sentiments, cette véritable conception de la nature et de la dignité humaine, furent le mobile de la conduite de MM. de Vaulx. L'intérêt, sans doute, devait avoir sa part, surtout pour M. Franz. Ayant une nombreuse famille,

— huit enfants, — il ne pouvait oublier les charges qu'elle lui imposait. Aussi veilla-t-il avec soin à lui procurer la situation honorable qu'elle devait avoir dans la société. Mais, avant tout, il voulut qu'elle fût chrétienne. Il confia l'éducation et l'instruction de ses filles aux Dames du Sacré-Cœur de Moulins. Nous n'avons pas à faire l'éloge de ce pensionnat : ce serait superflu. Pour ses fils, il ne voulut d'autres maîtres, d'autres éducateurs que les RR. PP. Jésuites d'Iseure, convaincu qu'ils étaient des professeurs hors ligne et des éducateurs sans rivaux. En un mot, chrétien, il voulut des chrétiens ; père de famille et homme du monde, il voulut laisser à ses enfants, avec les richesses que la Providence lui avait permis d'acquérir, les traditions de devoir, de respect et d'honneur qui sont le plus précieux des héritages.

Or, nous disons que ce furent ces mêmes sentiments chrétiens qui guidèrent et déterminèrent M. Franz et M. Paul, dans leur conduite envers les métayers.

*
* *

La piété est utile à tout, a dit saint Paul.

Nous surprendrons peut-être, en assurant qu'elle est utile même en agriculture.

L'agriculteur chrétien, le maître, verra dans ses subordonnés, non pas des machines, dont il faut obtenir le meilleur rendement, mais des âmes qu'il faut souvent instruire et quelquefois sortir de la matière. Il traitera ses gens avec égard, parce que, dans ce travailleur, courbé tout le jour sur son sillon, il reconnaîtra une âme chrétienne, mise par Dieu, dans une condition inférieure pour faire son salut et obtenir dans le ciel la récompense de ses travaux et de ses fatigues. Il agira avec prudence, sans se laisser emporter par un zèle intempestif ; il proportionnera son action à la culture intellectuelle, il aidera de ses conseils, il ramènera quelquefois dans le devoir par des réprimandes sévères, s'il le faut, mais toujours paternelles ; il usera, s'il est nécessaire, de ces moyens dont se servait M. Paul. Plein de sollicitude, il songera pour eux à leur santé, aux besoins du corps. Prendre l'homme par le corps, par le côté matériel, est moins noble, dira-t-on ? C'est souvent la meilleure manière : qu'importe après tout si l'on s'attache le cœur et si l'âme est gagnée !

Que de maîtres ont pour ennemis secrets les gens qui sont sous leur dépendance ! Pourquoi ? Parce qu'ils recherchent uniquement leurs avantages personnels sans songer au bien, à l'âme de leurs semblables. Que leur importe les métayers ou fermiers, pourvu qu'ils touchent leurs revenus ! Cette pratique est l'égoïsme, qui engendre la haine sourde et sauvage, qui fait, d'hommes se fréquentant habituellement, des étrangers et pires que des étrangers, puisqu'ils sont ennemis.

Quelques propriétaires s'aperçoivent de cette situation anormale, ils poussent de profonds gémissements. A ceux-là nous dirons : « Ne vous contentez pas de gémir, faites comme MM. de Vaulx, occupez-vous non seulement de vos terres, de vos bâtiments, de vos fermes et de leur cheptel ; mais occupez-vous de vos gens, occupez-vous de leur âme. Vous éprouverez d'abord la satisfaction du devoir accompli ; vous éprouverez ensuite un besoin de vous en occuper davantage. Oui un besoin de faire du bien. Travailler sur des intelligences, et non pas seulement sur des bœufs, des moutons, de la matière animale, n'est-ce pas la suprême occupation ? Il semble que l'on doit avoir le plaisir que nous racontait avoir éprouvé un habile chef d'orchestre : « Voyez-vous, nous disait-il, quand on fait de la musique tout seul, sur un piano par exemple, on peut éprouver bien de l'agrément ; mais quand on joue de l'orchestre, c'est de l'enivrement.

Ce n'est plus un instrument qui parle, ce sont des âmes que vous manœuvrez, que vous faites chanter, dans lesquelles vous faites passer, avec vos émotions, les impressions, les sentiments du compositeur. »

Façonner, diriger des âmes, quelle noble et sainte occupation ! Bien des gens, à la campagne surtout, se plaignent de leur désœuvrement, ils ne savent que faire, comment tuer le temps. Or, ils ne songent pas qu'ils ont sous la main une occupation des plus utiles. Qu'ils vivent donc un peu de cette vie d'agriculteur ! Au lieu de rester isolés au milieu de leurs propriétés, ils apprendront à connaître leurs gens, leurs besoins, leurs qualités et leurs défauts. Ils verront, comme par enchantement, leur influence grandir en proportion de leur sollicitude, en même temps que leurs revenus seront considérablement augmentés. Tout d'abord, cette occupation paraîtra peu attrayante ; mais le goût en viendra par la pratique, et quand le goût sera arrivé, il se changera en besoin.

Seulement, nous ne l'ignorons pas, ce qui arrête beaucoup de personnes : c'est le changement qui devrait s'opérer en elles : C'est de revenir à la pratique des devoirs chrétiens !

*
* *

Avec un propriétaire vraiment chrétien, le métayer ne sera pas traité comme souvent l'ouvrier de l'usine ou de la fabrique. Celui-ci, ayant affaire à beaucoup de gens, se trouve ordinairement seul, abandonné à lui-même. Les sociétés par actions le comptent comme une unité et ne lui demandent qu'un travail suffisant. Un supérieur quelconque le voit pour constater ses présences ou ses absences et lui donner sa paye. Pour le reste, on ne s'occupe ni de ses besoins, ni des vices qui ruinent la santé et détruisent la famille. C'est un outil dont on se sert tant qu'il n'est pas détérioré ; puis, quand il est devenu inutile, bien souvent, hélas ! on le rejette, on l'abandonne. Alors, la misère engendre le ressentiment, la colère et la haine : d'où les revendications sociales. Nous savons que les ouvriers ne sont pas traités partout de la sorte, que, dans beaucoup d'exploitations industrielles, on s'intéresse vivement à eux sous tous les rapports ; nous savons que les ouvriers ont bien des torts ! Mais les patrons, mais les directeurs, mais les compagnies surtout, sont-ils à l'abri de tout reproche ? Grave question ! cause de bien des conflits actuels !

Le cultivateur, parce qu'il n'a affaire qu'à un seul maître, est moins exposé à l'isolement. — Quand il se sentira soutenu par un propriétaire chrétien, il n'aura qu'un désir bien légitime : rester là où il se trouve, travailler avec ardeur pour sa famille, en voyant augmenter tous les ans ses économies. Il s'attache alors au domaine, comme à sa propriété ; et, quand la vieillesse arrive et que les ans lui interdisent un trop rude travail, s'il se retire dans sa métairie, il laisse à sa place des enfants, qui continueront ses traditions.

Cette perspective et le sentiment seul de son intérêt suffiraient pour lui donner du cœur au travail et le soutenir contre le découragement. Si son âme est vraiment bonne, comme souvent il arrive, la reconnaissance vient se joindre à l'intérêt. C'est ainsi que nous voyons des générations rester et se perpétuer dans le même domaine. Alors il n'y a plus qu'une immense famille, dont le propriétaire est vraiment le père. Que l'on n'aille pas dire que nous caressons un beau rêve. Non : C'est la peinture de ce que nous avons pu admirer souvent, et — pour faire la part de la nature humaine, — sinon dans tous les domaines, au moins dans le plus grand nombre des domaines de Boucé.

Nous nous rappellerons toujours avec une douce émotion le sentiment d'angoisse qui se peignit sur la figure des chefs de domaine, un jour que M. Paul s'était égaré. C'était au commencement de sa maladie. Parti de grand matin pour faire encore cette visite qui était une des règles de sa vie, M. de Vaulx s'égara. Trompé par un brouillard intense, il prit une fausse direction. Onze heures, midi arrivent, et il n'était point encore de retour. M. Fernand de Vaulx, son neveu, était absent. Pleine d'inquiétude, Mme Fernand de Vaulx, toute en larmes, vint nous exposer ses craintes, et nous prier d'aller à la recherche de son oncle avec les domestiques du château. Nous nous empressons chacun dans une direction différente. Nous allons dans plusieurs domaines, demandant si l'on n'avait point vu M. Paul. Dès que nous expliquons qu'il s'est égaré, on manifeste la plus grande anxiété ; on craint qu'il ne soit tombé dans quelqu'une de ces nombreuses rivières qu'il avait fait creuser. « Pauvre M. Paul ! disait-on, qui sait ce qui lui est arrivé ? Nous allons vous aider dans vos recherches. Pourvu qu'il ne soit pas tombé de fatigue ? Que le froid ne l'ait pas saisi ? Quel malheur ! » Et, aussitôt, on se dirige de tous les côtés. Enfin un soupir de soulagement s'exhale de tous les cœurs, quand on apprend qu'il a été ramené au château... Or, cet empressement n'était pas seulement l'effet du sentiment naturel qui nous porte à venir en aide à notre prochain : c'était bien l'effet de l'émotion, vrai sentiment d'un cœur attaché à une personne que l'on aime : C'était l'inquiétude de l'enfant pour son père en danger.

Comment MM. de Vaulx étaient-ils arrivés à gagner cette affection ? Parce qu'ils étaient de bons maîtres et des maîtres accomplissant leurs devoirs de chrétiens.

*
* *

Ne peut-on, nous direz-vous, s'occuper de ses métayers, surveiller leurs intérêts, sans être un chrétien fervent ?

Ne voyons-nous pas des familles rester de génération en génération dans le même domaine et chez des maîtres qui sont loin d'avoir la foi de ces messieurs, et surtout de la mettre en pratique ?

Ne voyons-nous pas des hommes, par pure philanthropie, consacrer leur fortune au soulagement des malheureux ?

A ces objections nous n'hésitons pas à répondre, dussions-nous faire pousser les hauts cris : « Partout où il n'y a pas le sentiment chrétien, il n'y a qu'exploitation de l'homme par l'homme. »

Si des gens sans principes religieux se montrent charitables envers leurs semblables, si, beaucoup mieux qu'un grand nombre de chrétiens soi-disant pratiquants, ils sont des modèles de douceur, de patience, de charité envers leurs métayers ou leurs subordonnés, en un mot, s'ils recherchent le bien de leur prochain ; ce n'est point en vertu de leur manque de religion, qu'ils agissent de la sorte, ce n'est pas même au nom de la philanthropie : ils obéissent, à leur insu, à un sentiment chrétien, la charité, vertu uniquement chrétienne et inconnue avant la venue de N.-S. Jésus-Christ. — Nous avons été trop longtemps une nation catholique, suivant docilement les enseignements et les leçons de l'Eglise, pour perdre en quelques années les habitudes charitables que la religion chrétienne avait développées au sein de la société et imprimées fortement dans nos mœurs. Nous en subissons encore l'heureuse influence, malgré notre décadence. La douceur de ces mœurs, le soin des indigents, la charité officielle elle-même, sont les fruits de la religion divine apportée par le Sauveur, et non pas des vertus inhérentes à la nature humaine. Pour nous en convaincre, nous n'avons qu'à nous remémorer l'état du monde avant le christianisme. Dans le modeste cadre que nous nous sommes tracé, nous ne voulons point faire entrer tout ce que l'histoire nous rapporte de faits relatifs à cette triste situation. Mais c'est une vérité incontestable pour tous ceux qui ont étudié l'histoire ancienne que, même dans les civilisations les plus avancées et les plus raffinées comme à Rome et à Athènes, l'Etat exploitait la société et l'individu et que l'individu exploitait son semblable. Le fort opprimait le faible, et le mot *Charité* était aussi dépourvu de réalité que nul d'application.

De nos jours encore, nous savons par le récit des missionnaires, des explorateurs et des voyageurs, ce qu'il faut penser de l'homme à l'état de nature, abandonné à ses seules inspirations ! Demandez-leur ce que les nègres de l'Afrique, ce que les peuplades de l'Océanie pensent de l'assistance publique ou privée et comment ils pratiquent la charité envers le prochain ?

Non, ce n'est point parce qu'il est irréligieux que l'homme de notre civilisation pratique des vertus que beaucoup de catholiques, nous le répétons, ne pratiquent pas ou pratiquent d'une manière moins parfaite. Sans le savoir, sous l'influence d'habitudes acquises, d'idées reçues dans une société qui fut éminemment chrétienne, il fait acte de catholique. Dans ce cas, on se trompe en mettant au compte de la nature humaine, ce qui est le fait de la religion ;

comme on se trompe, dans le cas d'un catholique qui ne remplit pas ses devoirs, scandalise les faibles et les ignorants, en attribuant à la religion ce qui est le fruit de la nature humaine.

*
* *

Nous ne surprendrons personne en disant que MM. de Vaulx, avec leurs sentiments chrétiens, interdirent formellement à leurs métayers le travail du dimanche. Cette mesure a été appréciée d'une manière très défavorable par beaucoup. On ne fut pas loin de les accuser de tyrannie ; et, l'imagination aidant, avec cette merveilleuse facilité qu'elle a de grossir les choses, on insinua d'abord, puis on affirma qu'ils forçaient les métayers à aller à la messe; enfin, quelques-uns finirent par se persuader qu'ils les obligeaient — horreur ! — à se confesser.... Eh bien ! que l'on se rassure ! que l'on ne craigne pas pour les nobles conquêtes de l'esprit humain à notre époque ! Si MM. de Vaulx ont exigé le repos du dimanche, jamais, au grand jamais, ils n'ont obligé leurs métayers à aller à la messe, encore moins à se confesser. Leur conscience était trop délicate pour se mêler des actes intimes de la conscience des autres. Leurs exemples préchaient le devoir; mais ils ne voulurent pas être des prêtres laïques.

Ils demandaient donc un travail rationnel, estimant l'homme comme un être doué de raison et non comme une machine. Celle-ci, d'ailleurs, s'use par le fonctionnement continu ; il arrive un moment où elle a besoin de réparations ; c'est son repos. A plus forte raison, l'homme a-t-il besoin de se reposer. C'est une machine bien délicate et bien perfectionnée. Par une prérogative naturelle, il peut réparer les pertes que le travail lui occasionne ; mais il ne faut pas attendre qu'il soit arrivé à des avaries graves, à un dépérissement total ; car ce ne serait plus le repos momentané mais la cessation complète de tout travail, qui lui serait imposée. Si la machine pouvait réparer elle-mème les pertes accasionnées par l'usure ou la marche, on la laisserait prendre avec soin le repos voulu par sa nature ; est-ce donc parceque l'homme a une âme, qu'il ne veut pas s'accorder ou qu'on ne veut pas lui accorder le repos que Dieu lui demande pour cette âme, quand on ne le refuse pas aux animaux ?

L'homme est libre, nous diront les partisans du progrès ; pourquoi agir sur cette liberté ? Plusieurs personnes, même religieuses, au nom de cette même liberté, blâmeront, MM. de Vaulx, sinon ouvertement, du moins en secret, de ce qu'elles qualifieront un excès de zèle ou de religion. Incapables elles-mêmes de violer la loi divine, elles diront qu'il ne faut pas être plus sévère que Dieu. Il a laissé l'homme libre de ses actions, l'abandonnant à sa conscience.

Nous répondrons tout d'abord à ces personnes que raisonner de la sorte c'est faire preuve d'ignorance en matière de liberté. D'après elle, la liberté consisterait essentiellement dans la faculté de faire le bien ou de faire le mal : ce qui est faux. Dieu est essentiellement libre, et cependant il ne peut pas faire le mal, il ne peut faire que le bien. Il se détermine librement, n'ayant au-dessus de lui aucun être qui lui impose sa volonté. Donc, pour qu'il y ait liberté, il suffit que la volonté se détermine par elle-même sans subir une coaction, une violence, une nécessité de la part d'une volonté étrangère. L'homme aurait pu être très libre, quand même Dieu ne lui aurait pas laissé la puissance du mal. On confond donc la liberté avec cette puissance ou faculté, et, par suite de cette erreur, on va même jusqu'à conclure que toute puissance ou faculté donne le droit ; ce qui est encore plus faux. Un exemple fera mieux saisir : l'assassin tue sa victime. Il a cette puissance de tuer ;

mais elle ne lui donne pas le droit d'attenter à la vie du prochain. La faculté de faire le mal ne consistuant pas l'essence de la liberté, il s'ensuit que favoriser le mal, n'est point favoriser la liberté. Aussi dirons-nous à ceux qui invoquent la conduite de la Providence : Au nom de la liberté, imitez Dieu, et même ce qui est plus près de vous, la société..... Pourquoi Dieu a-t-il établi des lois ? Etait-ce pour détruire le don sublime qu'il a fait à sa créature ? Non. Mais en être souverainement intelligent, il ne pouvait ne pas faire le raisonnement que la société devait faire après lui. Il a créé l'homme pour une fin qui est lui, le ciel ; et, pour arriver à cette fin il devait en tracer la voie : d'où les commandements. Ainsi donc la loi ne va pas contre la liberté ; bien au contraire, elle la favorise, en indiquant à l'homme les moyens qu'il doit prendre et les dangers qu'il faut éviter, pour arriver à sa fin... De même, la société doit se proposer le bonheur des individus ; mais, pour arriver à ce résultat, il faut une réglementation, il faut des lois. Ces lois, en nous imposant des prescriptions, des devoirs sociaux, non seulement ne détruisent pas la liberté des citoyens, mais l'assurent en la favorisant. D'où nous inférons que ceux auxquels il appartient de faire respecter la loi ne vont pas contre la liberté en imposant sa volonté. Le magistrat qui met en prison le voleur, ne va point contre la liberté des citoyens ; s'il gène le voleur, il favorise l'honnête homme. Etant donné le voleur, nous concevons très bien la prison ; mais elle n'est point dans l'essence de la liberté pour le bon citoyen qui se plie à la loi et qui n'en est pas moins libre.

Nous disons cela afin de ne pas voir de contradiction entre nos affirmations et la définition que nous avons donnée de la liberté. Plusieurs, en effet, auraient pu nous dire que la loi est une coaction, fait violence à la volonté. Non. Comme nous venons de l'indiquer, toute loi, qui mérite ce nom, et par conséquent la loi divine, ne va pas contre la liberté ; elle est, au contraire, destinée a l'aider puissamment. Cette conception est tellement naturelle que nous appelons le mal, une opposition, une résistance de la volonté à la loi, par conséquent opposition à la liberté.

Enfin, sans vouloir faire un cours de philosophie, nous ajoutons qu'il est bon de distinguer en l'homme la liberté morale intérieure et la liberté morale extérieure.

La liberté intérieure est celle qui concerne l'âme seule, et, par suite, la possède qui veut. Cette liberté, personne ne peut nous l'enlever.

La liberté extérieure, dans l'ordre moral, est

celle qui permet à l'homme de conformer ses actes aux prescriptions de la loi divine et de la conscience. Et comme, parmi les actes humains, il y a ceux qu'on doit faire et ceux qu'on ne doit pas faire, il en résulte que, pour être libre, il faut qu'on puisse faire ce qu'on doit, et qu'on ne soit pas contraint de faire ce que la conscience défend d'accomplir ; c'est le minimum de la liberté. Le maximum consiste à être aidé à faire le bien et à éviter le mal.

Les partisans de la liberté peuvent donc être rassurés ; MM. de Vaulx, en faisant leur devoir, n'attentaient point à ce grand principe : bien plus, ils favorisaient le maximum de la liberté. D'autant plus que leurs métayers savaient à quoi s'en tenir en venant dans les domaines. On ne leur laissait pas ignorer cette condition absolue. Ils n'étaient pas forcés, on en conviendra, de venir dans la propriété ; en y entrant, ils se déterminaient librement à observer une convention formelle.

Aux amis du progrès, nous dirons aussi que MM. Franz et Paul de Vaulx en furent beaucoup plus partisans que tous les promoteurs du travail du dimanche et du repos du lundi.

Dans la société païenne, l'esclave était occupé à certaines œuvres que, pour cette raison, on appelait serviles. Les maîtres, les hommes libres les évitaient avec soin et auraient cru se déshonorer en les accomplissant. L'Eglise, après Dieu, exigea que le dimanche devînt le jour de la liberté, c'est-à-dire que l'esclave ne fût pas obligé de s'adonner à ses travaux ordinaires, et qu'il pût se reposer comme son maître. L'Eglise alla même plus loin, elle enseigna cette doctrine, qui parut tout d'abord monstrueuse, que l'esclave avait une âme égale à celle de son maître ; et pour appuyer cet enseignement, elle ne prêcha pas la révolte ; non : elle donna au contraire l'obéissance la plus empressée et la plus grande à tous les ordres qui n'allaient point contre la conscience ou la loi de Dieu ; mais elle voulut que l'esclave eût un jour à lui pour s'asseoir à la même table, être rassasié au même festin que son maître. Ce jour fut le dimanche, alors que, mêlés dans l'assemblée sainte, le maître et l'esclave, confessant la même foi, croyant à la même doctrine, venaient sans distinction recevoir le pain de vie, s'abreuver au même calice, pour y puiser la force du même martyre. L'Eglise n'inscrivait pas sur ses monuments, dans les cryptes des catacombes : *Liberté, Egalité, Fraternité* ; mais elle les mettait dans les cœurs, inspirant à tous, avec les principes de la vertu, le sentiment de la dignité humaine, préparant l'œuvre sublime de l'émancipation par la charité et l'amour.

Demander le repos du dimanche est donc respecter la dignité de l'homme, ménager sa santé et ses forces, favoriser sa liberté et continuer l'admirable mouvement d'émancipation commencé par l'Eglise. Travailler le dimanche, c'est avilir la créature humaine, combattre la liberté et vouloir faire reculer la civilisation jusqu'à ces époques terribles où l'esclave était considéré non comme un être humain, mais comme une chose. Où se trouve le véritable progrès ? Si les ouvriers se rendaient compte de tout ce qu'il y a d'insultant pour eux dans l'excitation à violer le repos du jour du Seigneur, dans l'obligation où on les met parfois de le faire sans raison, ils n'auraient point assez de colère pour maudire et chasser les malheureux qui les poussent à la révolte contre Dieu.

Aux cultivateurs qui estiment qu'ils n'ont pas assez de six jours pour travailler et qui sacrifient leur conscience à la soif du gain, nous dirons en terminant : « Venez donc à Boucé à l'époque des labours, c'est-à-dire toute l'année ; et vous verrez si les champs sont moins bien préparés, s'il reste des terres incultes, faute de temps !

« Venez à l'époque des moissons, et vous verrez

si les blés sont moins beaux, moins fournis que les vôtres !

« Venez à l'époque du battage ; et vous verrez si le rendement est moins abondant que dans vos machines !

« Venez à l'époque de la récolte des betteraves ; et vous verrez si, pour n'avoir point été travaillées le dimanche, elles sont moins belles, moins grosses et en quantité moins grande que les vôtres !

« Venez à n'importe quelle saison ; et vous verrez si la culture est en retard, si les prés sont moins verdoyants, si les animaux sont plus maigres, parce qu'on observe le repos du dimanche !.... »

* * *

Nous avons vu comment MM. de Vaulx pratiquaient la charité envers leurs métayers, voyons maintenant comment ils l'ont exercée envers les pauvres.

« Celui qui dit : « J'aime Dieu ! » et qui n'aime pas son frère est un menteur, » dit l'apôtre saint Jean, donnant ainsi la vraie caractéristique de la charité. L'amour du prochain ne saurait, en effet, se séparer de l'amour de Dieu. Si la réciproque est également vraie, il n'est pas douteux que MM. de Vaulx n'aient aimé Dieu de tout leur cœur ; car ils ont pratiqué la charité envers le prochain d'une manière éminente. Conseils, avis, direction, réprimandes même, tous les moyens que la vertu inspire, ils les ont employés pour le bien du corps et de l'âme de leurs semblables. La médisance les faisait souffrir. Bien souvent il a été remarqué qu'ils affectaient de ne point prendre part à la conversation quand le prochain était peu épargné. Interrogés directement, ils excusaient ou faisaient valoir d'autres qualités. S'agissait-il d'éloges, de quelque bonne action ? ils approuvaient et applaudissaient.

Mais l'aumône fut leur pratique de prédilection. Jamais le pauvre, le déshérité de la fortune ne s'est adressé à leur bourse, à leur cœur, sans recevoir une aumône charitable ; et nous disons « charitable », parce que souvent elle manque de cette qualité. Un secours donné avec mauvaise grâce, pour ainsi dire à contre-cœur, laisse une impression pénible, froisse celui qui reçoit, souvent plus sensible que l'on ne pense. L'aumône, dans ce cas, fait peu de bien ; si elle soulage la misère physique, elle ne va point au cœur, parce qu'elle humilie. On se plaint de l'ingratitude, du manque de reconnaissance chez les pauvres. Nous ne voulons point excuser ces défauts, en disant, par exemple, avec un auteur très spirituel, que l'ingratitude est l'indépendance du cœur (les boutades n'ont jamais été des raisons) ; nous convenons que le bienfait n'a pas toujours la récompense qu'il mérite et que le pauvre oublie souvent la reconnaissance ; mais n'est-ce pas un peu notre faute ? Ne regardons-nous pas la charité comme une chose désagréable ? Les traits de notre figure, en donnant une obole, ne sont-ils pas l'indice de nos sentiments intimes ? Cette même obole donnée avec le sourire et la bonté de M. Paul, par exemple, ne rappelait pas au pauvre sa misère et son humiliation ; elle atteignait un double but : elle soulageait, et elle excitait les bons sentiments..... Quand nous parlons d'obole, il ne faudrait pas croire que l'aumône faite par ces Messieurs était toujours de peu d'importance. Oh ! non : elle était proportionnée aux besoins. Si, en cette matière, on pouvait leur reprocher quelque chose, ce n'était point le défaut, mais plutôt l'excès.... Ayant moins connu M. Franz, bien que nous sachions par l'éloge de tout le monde qu'il était très charitable, il ne nous a pas été donné de voir de nos yeux, comme il nous est arrivé pour M. Paul. Un pauvre venait-il à rencontrer ce dernier, un ouvrier dans la misère venait-il lui exposer sa triste situation, aussitôt sa bourse s'ouvrait largement, quelquefois tombait tout entière dans la main de l'infortuné ; dans ce dernier cas, comme honteux de sa grande charité, il se cachait. Sa main gauche ignorait ce que sa droite donnait aux pauvres. Il voulait le silence sur ses bonnes œuvres, et il ne craignait rien tant que d'attirer les regards. Le complimenter était certainement le faire souffrir. Quand il ne pouvait absolument se dérober et qu'il était pris en flagrant délit de générosité par trop grande, il avait toujours des raisons péremptoires à opposer aux observations que l'on pouvait faire.

Un père, une mère de famille, se présentaient-ils, disant que le grenier et la huche étaient vides, que les enfants souffraient de la faim : aussitôt, ému à la pensée que des enfants connussent une si grande privation, comme surpris de ce qu'un homme manquât de pain, il disait avec bonté : « Bien,bien ! qu'avez-vous apporté ? » Si le pauvre montrait sa besace : « Mais, mon ami, ajoutait-il, ce n'est pas ce qu'il faut. Que ferez-vous avec une demi mesure de blé ? Allez, allez chercher un sac et revenez le faire remplir ! » Le malheureux courait chercher un sac, il le remplissait, et la famille et les enfants se voyaient pour longtemps à l'abri de la faim. Et ce n'est pas une fois, dix fois, que la même scène se renouvelait. Pendant les rudes mois de l'hiver, alors que le travail est interrompu pour l'ouvrier des champs et que la misère vient visiter bien des foyers, M. Paul distribuait presque chaque jour du blé par sacs entiers ; et cela non seulement aux pauvres de Boucé, mais à ceux des communes environnantes. Nous voyons d'ici naître les observations. Il devait être exploité ? Sa charité était grande, c'est vrai, mais, si elle ne discernait point, outre qu'elle pouvait être exploitée, elle pouvait encore être mal placée ?

M. de Vaulx n'ignorait nullement que tout ici-bas peut être objet d'exploitation. Il vivait trop en contact journalier avec les hommes pour ne point savoir à quoi s'en tenir sur leurs misères. Il savait qu'ils mettent tout en œuvre, l'hypocrisie, la fourberie, la duplicité, le mensonge ; il savait qu'ils sont mauvais, ingrats, égoïstes, faux ; et pourtant il ne prenait point prétexte de ces défauts pour les abandonner et leur refuser l'aumône. Ces défauts, au contraire, ne faisaient qu'exciter sa charité. En voulez-vous des exemples ? Nous nous bornerons à deux traits bien caractéristiques.

Un témoin digne de foi nous a raconté le fait suivant : « J'appris, un jour, qu'un pauvre venu

le samedi et ayant reçu de M. Paul un sac de blé, par une indélicatesse qui dénotait une aberration complète du sens moral, était allé le vendre le mardi suivant à Varennes. J'étais indigné et je crus bien faire en avertissant M. de Vaulx de ce que j'appelais une canaillerie.
« — Monsieur, lui dis-je, vous êtes vraiment trop
« charitable ; vous vous laissez exploiter. Il est
« bon de faire l'aumône ; cependant permettez-
« moi de vous dire que vous pourriez refuser à
« certaines gens pour donner à d'autres qui sont
« plus intéressants que quelques-uns auxquels
« vous donnez trop. Ainsi, un tel est venu sa-
« medi vous demander du blé ; vous lui en avez
« donné un sac : Savez-vous ce qu'il en a fait ?
« — Oh ! non ! me répondit M.Paul en souriant.
« — Eh bien ! (ici accentuant l'indignation) il est
« allé le vendre à Varennes, mardi dernier.
« Vous voyez bien qu'il n'avait pas besoin de
« pain et qu'il vous a abominablement trompé. »
J'attendais l'effet de mon observation ; je croyais à une explosion d'indignation bien partagée ; et voici la réponse que je reçus : « — Ah ! vous avez
« raison, si ce pauvre homme a vendu son sac
« de blé, c'est que, voyez-vous, il avait beaucoup
« plus besoin d'argent que de pain. » Vous pensez bien que je ne fis pas d'autres réflexions.
« — Incorrigible donneur ! dis-je intérieurement,

« je me garderai bien de faire des observations « une autre fois ; il serait capable de donner le « sac et l'argent ! »

Voici l'autre trait. C'était, si nous ne nous trompons, à la fin de l'hiver ; le froid était cependant assez rigoureux ; M. Paul, à déjeuner, paraissait tout joyeux. — « Qu'avez vous, oncle Paul ? lui demande Mme Fernand de Vaulx ; vous paraissez bien content, ce matin ! — Figurez-vous, répond-il, que, ce matin, comme il faisait un superbe clair de lune, j'ai vu passer, sous mes croisées, un individu chargé de bois. Il s'en allait bien tranquillement, — Mais, s'exclame-t-on de toutes parts, oncle Paul, pourquoi n'avez-vous pas appelé? pourquoi n'avez-vous pas prévenu au moins les domestiques ? — Oui, oui, j'aurais pu le faire, car je l'ai bien vu passer, mon voleur, il ne se pressait pas. — Mais vous auriez pu au moins l'interpeller. C'est mal ce que vous faites : vous encouragez le vol. — Eh ! que voulez-vous ? le malheureux ! il faut bien qu'il se chauffe. S'il avait eu du bois chez lui, il ne se serait pas levé de si grand matin.... Oui, oui, il faut bien qu'il se chauffe ! »

Nous ne voulons pas excuser le vol, mais nous ne pouvons nous empêcher d'admirer cette charité si ingénieuse à innocenter le coupable.

Le vol, sans aucun doute, le révoltait ; il appelait bien l'individu un voleur; mais il cherchait des circonstances atténuantes. En songeant aux souffrances que le froid fait endurer, au triste spectacle d'une famille, de petits enfants grelottants, cherchant en vain dans le foyer une flamme pour réchauffer leurs membres engourdis ; il ne voit plus le criminel. A sa pensée se présente le pauvre qui vient lui demander un peu de bois ; quand il le voit passer sous ses fenêtres, il ne songe pas à l'arrêter ; il l'excuse par ces paroles sublimes : « Il faut bien qu'il se chauffe ! » Et certainement, au fond de son âme, il ajoute : « D'ailleurs, s'il me l'eût demandé, ce bois qu'il dérobe, aurais-je pu le lui refuser ?.... »

Nous nous arrêtons à ces deux traits, car il faudrait plusieurs volumes pour énumérer tous les actes de bienfaisance et de générosité de cette âme chrétienne. Que d'aumônes, en plus, dont Dieu seul a été le témoin ! Nous ne disons pas cela comme simple supposition ; les preuves sont faciles à établir. Quand on sait avec quels soins méticuleux il tenait sa comptabilité pour tout ce qui concernait l'administration de la propriété, on devine facilement ce que signifient certaines rubriques : « Profits et pertes », pour son compte particulier. Dieu seul connaît ces profits, et ces pertes n'ont point été sans poids dans la balance de sa justice et de sa miséricorde.

Nous ne pouvons savoir ce que l'on pensera de ces traits de charité. Quelques personnes, qui veulent tout réglementer, crieront bien haut à l'abus. Oui, abus de la part de celui qui reçoit ; abus de la part du voleur. Seulement, n'allons pas, sous prétexte d'éclairer la charité, en éteindre la flamme. Eh ! mon Dieu ! nous savons qu'il peut y avoir des abus en matière de charité ; mais n'y en a-t-il pas en économie ? Souvent ce que nous appelons de ce nom est purement de l'avarice. Nous essayons de la cacher sous un vernis de vertu, afin de tromper les autres. Des abus ! il y en aura toujours. Efforçons nous de diminuer le nombre des véritables ; mais ne croyons pas les supprimer tous par notre sagesse et notre prudence. Gardons-nous, surtout, de donner ce nom à tout ce qui nous paraîtra extraordinaire, même dans la pratique de la charité ; autrement nous serions forcés d'ajouter qu'il est parfois nécessaire qu'il y ait des abus.

N'est-ce pas un abus de bravoure de la part du soldat qui s'expose témérairement à la mort en allant au milieu des ennemis s'emparer de leur étendard ?

Ne commettaient-ils pas des abus de courage,

tous ces héros dont l'histoire a conservé les exploits, et dont le marbre et l'airain perpétuent le souvenir à travers les siècles étonnés ?

Oui, il faut de ces traits d'héroïsme, de ces abus, pour électriser les masses, enlever les timides, surexciter les moins vaillants.

Cela n'est pas l'apanage de tout le monde ; ce sont toujours les mêmes âmes qui en sont capables ; comme le disait d'une manière si pittoresque un général, après un sanglant combat en Afrique : « Ce sont toujours les mêmes qui se font tuer. »

En charité, nous disons aussi : « Ce sont toujours les mêmes qui donnent. » A cette génération éprise de jouissances, dominée par un féroce égoïsme, il est bon de montrer la vraie charité chrétienne, poussant l'amour du prochain jusqu'à l'invraisemblance, afin d'exciter les nobles sentiments et faire honte à notre parcimonie et à notre avarice.

* * *

Il y a dans le monde une misère royale qui s'adresse à tous ses enfants pour soutenir le rang que la Providence lui a assigné sur la terre. Le

Pape a été dépouillé de ses Etats ; son royaume se borne aujourd'hui au jardin de son palais ; et cependant, il a toujours le même fardeau sur les épaules : le gouvernement du monde, la charge de toutes les âmes. Plus que jamais, le Roi prisonnier tend la main à la charité et demande que l'on n'abandonne pas l'œuvre du Denier de saint Pierre... MM. de Vaulx avaient compris la haute portée et la sublimité de cette œuvre ; ils donnaient avec générosité. Le compte rendu de cette œuvre dans le diocèse nous révèle un peu comment ils acquittaient ce témoignage d'amour filial envers le Père commun des fidèles... Ce qu'il ne saurait dire, par exemple, c'est l'ingénieux moyen adopté par M. Franz pour grossir la somme qu'il offrait tous les ans.

Plusieurs personnes avaient remarqué avec surprise que M. Franz, quand il voyageait seul, prenait un billet de dernière classe ; quand, au contraire, il était avec sa famille ou d'autres compagnons, il choisissait toujours une autre classe ou celle des voyageurs avec lesquels il se trouvait. « Quelle singularité ! » disait-on. Et, dès lors, les commentaires et les suppositions d'aller leur train. Fallait-il voir une tendance à l'avarice ? Cette pensée était vite rejetée. On connaissait trop sa générosité ; d'ailleurs, aucun des autres caractères de l'avarice ne pouvait être signalé en lui. Toutefois, quelle singulière économie ! Les plus malins finissaient par dire : « Que voulez-vous ? M. Franz a une nombreuse famille ; il n'y a pas de petites économies ! N'est-ce pas ainsi que l'on fait les maisons ? » Et la raison humaine, satisfaite de tant de perspicacité, ne recherchait point une autre cause. On se trompait grandement. Si M. de Vaulx pensait à sa famille, ce n'était point pour l'économie de quelques sous mais pour les bénédictions célestes qu'elle pourrait en retirer. S'il montait en troisième classe, c'était bien pour faire une spéculation, non en faveur de sa bourse, mais en faveur du Denier de saint Pierre. Il affectait la différence de prix à cette œuvre. Voilà une ce ces manières de faire le bien qui est à la portée de tout le monde... On ne connut le vrai motif de sa conduite, jugée si singulière, qu'après sa mort ; sa famille elle-même l'ignora de son vivant.

***

La charité n'est pas le seul devoir du chrétien. Si MM. Franz et Paul de Vaulx l'ont pratiquée d'une manière excellente, ils ne négligeaient pas les autres devoirs que Dieu et son Eglise nous imposent. Nous savons comment ils observaient la sanctification du dimanche. Souvent, ils avaient recours aux admirables moyens que Notre-Seigneur a su trouver pour nous soutenir dans la voie et la pratique de la vertu : nous voulons dire les sacrements de Pénitence et d'Eucharistie. Avec quelle foi, avec quelle piété ils s'approchaient, plusieurs fois par an, de la Table sainte ! Leur humilité était même trop grande et on aurait désiré qu'ils se jugeassent moins indignes d'en approcher plus souvent. Quoi qu'il en soit de leur piété intérieure et du respect pour la majesté de leur Dieu, c'est là qu'ils puisèrent, M. Franz surtout, les forces nécessaires pour remplir tous les autres devoirs. Si le père de famille se soustrait à une de ses plus grandes obligations, c'est qu'il n'est plus chrétien que de nom ; il conserve le caractère de son baptême, mais il en rougit dans la pratique ; et, par un cercle vicieux inévitable, il ne s'approche pas des sacrements, il ne reçoit pas le Pain qui est la vie de l'âme, parce qu'il n'a pas l'intention de remplir tous ses devoirs d'état.

M. Franz se maria, et, avec sa foi chrétienne, il envisagea le mariage comme un sacrement, comme un état sanctifié par la bénédiction du Très-Haut, et il ne recula point devant ses obligations... Quel bel exemple dans notre pays où le mariage n'est considéré bien souvent que comme une affaire d'intérêt ! Ce ne sont point deux âmes qui s'unissent, ce sont deux bourses qui se fondent, qui vont capitaliser et produire pour le plus grand bonheur d'un seul héritier... Par une ironie sacrilège, on ose se présenter devant l'autel pour recevoir une bénédiction dans laquelle le prêtre, rappelant les faveurs accordées aux anciens patriarches, dit aux nouveaux époux : « *Crescite et multiplicamini.* » Quelle dérision ! Pendant ce temps, on se livre aux misérables calculs de la prudence humaine. Oui, calculs misérables de l'égoïsme, qui fait dire à nos législateurs que la France se meurt et qui nous a valu ces dures paroles d'un de nos ennemis les plus acharnés : « A quoi bon la guerre ? La France se dépeuple ; chaque année, le nombre de ses enfants diminue. La force des choses amènera fatalement ce que vous demandez à la victoire. L'Allemagne, pour s'annexer d'autres territoires, n'aura point à sacrifier un seul de ses grenadiers ; elle n'aura qu'à déverser l'excédent de sa population. »

Qu'y a-t-il d'étonnant en ces paroles amères ? On a voulu enlever la foi, et on a tué la famille. Le mariage n'est plus considéré comme un sacrement ; ce n'est plus qu'un simple contrat ; dès lors, des charges du contrat on n'observe que les moins lourdes. La bénédiction de Dieu, la grâce du sacrement, n'entrent plus en ligne de compte que comme accesoires des réjouissances ou d'exhibition de toilettes et de bijoux. Dieu est le dernier des convives ; il est comme le mendiant auquel on donne quelques bribes du festin somptueux ; on le relègue dans un coin obscur de la consciencé. Il se retire en emportant ses bénédictions, pour ne laisser à la nouvelle famille que les malédictions les plus terribles.

M. Franz eut huit enfants. A tous, nous avons dit qu'il donna l'éducatien la plus chrétienne et l'instruction la plus solide ; à tous, il inculqua l'amour du devoir, le respect du foyer domestique, et il a pu voir comment ses exemples avaient été suivis. Tous se sont mariés, et, comme leur père, ils donnent l'exemple en ne reculant point devant le devoir.

Il y a un spectacle charmant, tous les ans, à l'époque des vacances : Mme de Vaulx réunit tous ses enfants et petits-enfants ; ceux-ci sont au nombre de trente quatre. Les Morets sont alors le théâtre du plus délicieux spectacle. A peine arrivez-vous dans la cour, que vous vous croiriez au milieu d'un collège. Des enfants, il en sort de partout. De la maison, du jardin, des massifs, s'en échappe un vrai tourbillon ; grands, petits, de toutes les tailles et de tous les âges. Ici, un collégien, tout heureux d'avoir dit adieu au thème grec et à la version latine, cultive pour le moment la course à pied ou à cheval ; là, un petit garçon promène avec ravissement sa première culotte ; plus loin, un bébé exerce son adresse en roulant sur le gazon ; dans un coin, des fillettes montrent des soins touchants pour une poupée ; les plus grandes s'adonnent, avec grand souci, aux graves occupations de la cuisine et du ménage, elles composent des sauces inédites, des mets incompris des palais trop délicats. Quelquefois (mais c'est un jour de fête !) les grands et les parents eux-mêmes sont d'une partie gigantesque : alors, ce sont des rires, des amusements pleins de vie et de gaieté. C'est bien un peu bruyant, si vous voulez ; mais que de cœurs pour dire à Mme de Vaulx : « Grand' mère, nous vous aimons. » Vous croyez peut-être que grand'mére est fatiguée ? Point du tout. C'est avec un sentiment de tristesse et de regret qu'elle voit arriver la fin des vacances. Nous comprenons ce sentiment : La vie n'attriste pas. Et c'est bien la vie que toutes ces mines roses, tous ces sourires, tous ces regards animés, tous ces cœurs, tous ces cris enfantins. La vieillesse. qui tue chez les autres, se sent rajeunir au contact de toute cette vie exubérante, selon la parole si vraie d'un excellent docteur en médecine de Varennes : « Nous savons nous rajeunir par nos enfants. »

*
* *

M. Paul ne se maria pas ; non point qu'il n'eût trouvé des partis fort avantageux et honorables ; mais il avait la vocation de l'abnégation. Nous avons souvent demandé quelles raisons il avait eues ou données pour ne pas se marier. Il nous a toujours été fait la même réponse : « Il n'eut jamais le temps de s'en occuper. » Certes, le bonheur qu'il éprouvait à se voir entouré d'enfants nous dit assez combien il eût été bon père de famille. L'enfance avait pour lui un attrait irrésistible. Etait-ce la faiblesse ou l'innocence qui le charmait ? Nous ne savons : mais ce que tout le monde a constaté c'est que sa tendresse se reportait avec prédilection toujours sur le plus jeune ; à celui-ci il réservait toutes ses caresses. Dans les dernières années de sa vie, l'âme du vieillard se plaisait tout particulièrement avec l'âme du petit enfant. Etait-ce le rayonnement de l'innocence qui attirait plus spécialement son cœur ?... Doux mystère de la vertu et de la pureté. Pourquoi n'existerait-il pas une attraction secrète entre la pureté du vieillard et celle de l'enfant? Car, nous en avons la plus profonde conviction, jamais M. Paul ne se laissa entraîner aux désordres si communs et si facilement excusés. Voler un centime, dans le monde, est un crime abominable. Voler l'innocence d'une jeune âme ou la vertu d'une femme, est malheureusement considéré comme une faute permise, quand on veut bien avouer qu'il y a faute. On l'admet facilement, on l'excuse avec encore plus de complaisance, quand il s'agit d'un célibataire. La fortune surtout paraît tout justifier.

Or, jamais M. Paul n'a profité de sa fortune, de sa position exceptionnelle pour se laisser aller, nous ne disons pas à une faute, mais à la moindre indélicatesse.

Dieu sait pourtant que d'occasions!

« Il était extraordinaire et admirable! — disaient plusieurs de ses amis, dans un aveu sincère de leurs folies. — Que de fois, se trouvant avec nous, alors que nous nous laissions aller à des actes, dont le souvenir nous fait rougir, lui, restait impassible; gai convive, bon camarade, riant de bon cœur et s'amusant beaucoup, jamais il ne dépassa les bornes de la tempérance, jamais il ne se laissa entraîner à nos plaisirs de fous. « —Laissez-moi donc tranquille, » répondait-il imperturbablement à toutes nos taquineries ! » Et il restait tranquille. »

« — Oui, disait au jour de ses funérailles, un de ses amis qui l'avait le plus fréquenté, Paul a toujours fait mon admiration. Nous autres, nous avons été des diables ; lui a toujours été un saint. Jamais, sous le rapport des mœurs, je ne l'ai vu faiblir. » C'est bien là notre sentiment intime, corroboré par les dernières années de sa vie. Quand l'âme eut usé le cerveau, et qu'il lui fut impossible de s'occuper de la propriété de Boucé, il eut toujours et jusqu'au dernier moment, le sentiment de la pudeur la plus délicate. Lorsque les infirmités et la maladie ne lui permirent plus de se déshabiller seul ; chaque fois qu'il fallut lui quitter ses vêtements, c'était une lutte, et pour lui une torture. Il opposait la plus vive résistance. Ses yeux témoignaient de l'effroi, comme s'il eût eu crainte de quelque acte immodeste.

Pour ceux qui ont étudié les hommes, qui les ont suivis dans une longue maladie, ils savent que, dans le délire, on répète souvent les actes habituels de la vie. Sous l'influence d'habitudes anciennement invétérées, disparues même depuis longtemps, l'âme se dévoile telle qu'elle fut autrefois. Les passions secrètes, dissimulées avec le plus de soin, se manifestent au grand jour ; et bien des signes révélateurs indiquent ce que fut la conscience. Or, cette excessive délicatesse, n'est-elle pas la preuve la plus grande de l'innocence de M. Paul? S'il se fût laissé, comme tant d'autres, entraîner à des actes de faiblesse ou de passion, est-ce que son âme aurait gardé ces habitudes si chastes! L'habitude, dit-on, est une seconde natnre; or, on ne résiste pas inconsciemment à la nature. L'habitude, ajoute-t-on, vient la plupart du temps de la répétition des actes: ici, nous n'avons remarqué que des actes de la modestie la plus susceptible, la plus ombrageuse, preuve évidente des bonnes habitudes de l'âme.

Au surplus, nous avons pour confirmer notre conviction, l'opinion publique. On sait avec quelle complaisance, elle s'empare des faits scandaleux; elle les devine souvent et bien rarement elle se trompe. Pour M. Paul, le témoignage de tous est concordant et la malveillance n'a point osé souiller sa mémoire. Bien des personnes nous ont parlé, bien des vieillards nous ont donné des renseignements et des détails; tous ont été unanimes dans leur langage expressif: « — M. Paul de Vaulx a toujours été vertueux; jamais nous n'avons rien entendu dire quoi que ce soit sur son compte. »

⁂

Quelques personnes s'imaginent que l'homme religieux est un être exceptionnel, vivant sous l'empire de la crainte, hypnotisé par certaines idées bizarres et passant sa vie à murmurer des prières. D'après leur conception, la religion doit nécessairement rendre sauvage, insociable ; elle doit rendre triste et désintéressé de toutes les affaires de ce monde. Le chrétien fervent ne doit s'occuper ni de sa famille ni des réalités de la vie. Plongé dans une espèce de mysticisme vaporeux, il devient un être singulier, fantasque et point attrayant. Si ces personnes ont rencontré dans la vie MM. de Vaulx, elles doivent être singulièrement étonnées de savoir que, tout en étant des hommes aimables, bons et sociables, ils étaient des hommes très religieux. Dans leurs relations, rien de guindé, rien qui ressemblât au puritanisme ; leur abord ne sentait pas le chartreux. Tout en eux attirait, et les nombreux amis qui les ont accompagnés à leur dernière demeure, sont une preuve qu'ils n'éloignaient pas, mais qu'ils attiraient. C'est que la religion n'est pas ce que l'on imagine. Le vrai chrétien ne divise pas ses devoirs, il les accepte tous et les anime de son esprit de foi. Pour lui, faire son devoir, c'est faire la volonté de Dieu.... C'est ce culte du devoir qui guida M. Franz et M. Paul, même dans les actes qui semblaient ne point toucher à la religion. Ils n'eurent pas à jouer un rôle important dans la vie publique et sociale : ils ne furent pas appelés à ces fonctions éminentes que brigue si souvent la vanité ou l'incapacité : d'ailleurs ils avaient une profonde horreur, la plus invincible répugnance pour ces distinctions qui sont rarement le partage du vrai mérite. Ils se montrèrent toujours justes et respectueux de la dignité et de la liberté des autres. Ils furent heureux de rendre service quand l'occasion s'en présenta ; mais jamais ils ne transigèrent avec leurs convictions politiques. Royalistes sincères, ils ne varièrent jamais dans leur dévouement à la cause ; pour eux, le culte du devoir en était la base.

Au moment du Plébiscite, ils manifestèrent, sans forfanterie mais sans faiblesse, leurs opinions. M. Paul le fit même d'une manière assez piquante, avec cette pointe de malice qui lui était familière quand il voulait souligner sa pensée. Arrivé à la salle du vote, son bulletin à la main, il feint subitement d'y découvrir une erreur. — « Tiens, dit-il, il y a une faute sur ce bulletin ; voulez-vous me donner une plume pour la corriger ? » Comme on lui fait observer qu'il ne peut faire cette correction dans la salle, il sort en répétant : — « Bien ! bien ! il y a une faute, je vais la corriger. » Après la correction, il revient déposer le bulletin sur lequel se trouvait primitivement un *Oui*, mais qu'il venait d'effacer, pour y substituer un *Non*.

Royalistes, ils ne comprirent jamais les subtilités des politiciens actuels, pour dissimuler leurs convictions et donner unc adhésion tardive, par conséquent un peu suspecte, à un régime qu'ils détestaient. Ils ne consentirent jamais à la moindre capitulation sur ce qu'ils regardaient comme des principes de conscience. Il faut dire qu'ils n'attendaient rien des puissants du jour.

En ces jours de défaillance où nous avons vu de grands dévouements à la cause royale s'oublier eux-mêmes et embrasser ce qu'ils anathématisaient la veille, il est bon de montrer que la fidélité à une cause juste et vraie n'a pas entièrement disparu. Ces exemples peuvent consoler de bien des tristesses et affermir notre foi dans ce que nous continuerons, malgré tout, à considérer comme le suprême salut de la France.

* * *

Par une volonté qui nous paraît singulière, de la part de la divine Providence, il arrive que l'épreuve est le partage des âmes qu'Elle distingue et qu'Elle aime tout particulièrement. Cette action de Dieu est un scandale pour les impies... Que de fois n'avons-nous pas entendu ces paroles : — « Mais si Dieu était juste, est-ce qu'il permettrait qu'un tel, bon chrétien selon vous, soit éprouvé comme il l'est ? A quoi bon remplir tous les devoirs de votre religion, puisque ceux qui le font sont plus mal traités que les autres ? » Et c'est une constation journalière : le mauvais, l'impie n'est presque pas éprouvé, tout lui réussit; le bon semble être persécuté à plaisir par une volonté supérieure.

L'erreur vient de ce que l'on considère l'épreuve comme un mal ou un châtiment ; tandis que, dans les vues de la divine Providence, elle est un moyen d'épuration et de sanctification.

L'épreuve vint donc sanctionner la foi et la vertu de MM. de Vaulx. Pour M. Franz, elle fut terrible et particulièrement douloureuse ; pour M. Paul, elle fut plus longue et peut-être plus pénible.

Nous arrivons à cette date funèbre, à ce jour malheureux dans lequel, l'âme de l'épouse fut soumise à une torture affreuse, où le cœur des enfants fut broyé par un accident épouvantable.

M. Franz était venu à Boucé voir son frère, comme il lui arrivait si fréquemment. Celui-ci lui propose de se faire accompagner à la chasse par le garde de la propriété. Tout d'abord, comme mû par un pressentiment, M. Franz refuse ; mais, sur les instances de son frère, il se décide, et ils partent tous les trois pour la chasse. Par quelle imprudence le malheureux garde laissa-t-il son fusil s'accrocher à une branche ou aux brouissailles ? Toujours est-il que, subitement, un coup part, et M. Franz reçoit toute la charge à bout portant. Il tombe à terre ; on le croit mort. On s'empresse à lui porter secours ; on le relève, et on voit que, contrairement à ce que l'on croyait, il respire encore. On le transporte dans un domaine, et l'on court à la recherche d'un médecin à Varennes. M. le docteur Delageneste, des amis dévoués, M. l'abbé Bardet, curé de Varennes, arrivent en toute hâte... Cependant dans le domaine où le blessé a été déposé, on organise une voiture, on place un matelas, afin de revenir aux Morets. Quel pénible voyage ! La nouvelle de l'accident se répand bien vite. Partout, sur le passage, métayers, ouvriers, femmes, enfants, s'empressent, offrent des secours et veulent donner des marques de sympathie. On arrive à Boucé. Mme Fernand de Vaulx, au désespoir, en l'absence de son mari, donne les soins les plus touchants et offre tous les secours qui sont sous sa main ; mais on continue le voyage aux

Morets : Quelle entrée dans cette maison qu'il avait quittée quelques heures auparavant, au milieu des joies de la famille ! Il en était parti plein de forces et de santé ; et maintenant il git tout sanglant sur un matelas. C'est la mort qui qui l'a déjà saisi dans son étreinte formidable : il ne se fait pas illusion. Pendant que M. Petit, le célèbre chirurgien de Moulins, est appelé en toute hâte, lui se prépare à paraître devant son Dieu. De la science il veut bien recevoir les secours ; mais il demande le médecin de l'âme. Il reçoit le prètre, il lui ouvre les secrets de sa conscience et il fait, avec sa générosité habituelle, le sacrifice de sa vie. Cet acte suprême de résignation accompli, il est plus fort contre la douleur ; il s'abandonne aux soins des docteurs. Hélas ! la blessure était mortelle ; la science se déclara impuissante. M. Franz supporta les plus vives souffrances avec la plus grande énergie, sans impatience, sans un mot de reproche contre l'auteur involontaire de sa mort. Il souffrait même à la pensée que le garde pouvait être inquiété, et il demandait souvent s'il n'en était rien. — « Je bénis Dieu, disait-il, de n'avoir rien dit de désagréable à ce pauvre garde qui m'a frappé. » Ce sont là des paroles d'un autre âge, que notre époque a peine à comprendre. Il y a là tout le devoir, toute la foi, toute la charité. Elles nous montrent toute la beauté de cette âme chrétienne. Non seulement, il ne récrimine pas sur la maladresse, sur l'imprévoyance ; non seulement il ne se plaint pas de ce qu'un accident mortel l'enlève à la terre, aux douces joies de la famille, à l'amour de ses enfants ; non, il remercie son Dieu de ce qu'il lui a donné la patience de ne faire entendre, non une parole de reproche, non un blâme, une de ces vivacités si naturelles qui échappent aux meilleures natures, mais pas même un mot désagréable ! Admirable effet de la charité ! Quand une âme en est arrivée à ce degré, elle est mûre pour le ciel. Aussi était-ce bien le ciel que M. Franz entrevoyait au milieu des espérances, hélas ! vites déçues, de ceux qui l'entouraient. Le ciel ! c'était bien sa pensée qui le soutenait. Le ciel ! il voulait le mériter encore davantage par ses souffrances. Elles le clouent sur son lit de douleur ; il s'en fait un moyen d'augmenter ses mérites. Il demande son Crucifix, il jette un regard attendri sur son divin Maître; et un rayon de bonheur éclaire son visage, quand ses lèvres se collent avec respect sur les pieds du Dieu crucifié. Ses yeux parlent à son Rédempteur et, du fond de son cœur, s'exhale l'expression de son amour. — « Merci, Jésus, semble-t-il dire, merci de m'avoir rapproché de Vous par la souffrance ; Vous avez été attaché à une croix, Votre sang a coulé pour le rachat de mon âme ; mon sang coule : qu'il serve à purifier mon cœur, à m'unir plus étroitement à Vous ; à cause de cela, bénissez ma famille, bénissez mes enfants, et recevez mon âme dans Votre bienheureuse éternité. »

Trois jours après sa blessure, M. Franz de Vaulx rendait sa belle âme à Dieu et allait recevoir la juste récompense d'une vie d'honneur, de probité, de foi et de charité.

A peine a-t-il rendu le dernier soupir, que, dans Montaigu et Boucé, chacun semble avoir été frappé. Pendant les trois jours qui suivirent l'accident, on s'était empressé pour avoir des nouvelles ; parents, amis, métayers, étaient venus rendre visite. Après la mort, le deuil parut avoir atteint tout le monde. Les amis, les parents, tous les habitants de Montaigu vinrent s'agenouiller devant sa dépouille mortelle. Le mercredi 20 décembre 1882, eurent lieu les funérailles ; l'assistance était énorme. Tous les habitants de Montaigu et de Boucé, tous les cultivateurs de la contrée regardèrent comme un honneur et un devoir d'y assister. Après avoir conduit au lieu de son repos le corps de celui qui attend avec confiance le suprême réveil qui se fera à la voix de l'Ange des derniers jours, chacun redisait avec conviction ces paroles que nous extrayons du discours prononcé sur la tombe par M. Bichard : « Une grande passion a dominé cette vie et lui a inspiré ce cachet d'unité, de rigidité qui rappelle les caractères antiques : c'est la passion austère du devoir. Devant lui tout s'inclinait : intérêts, plaisirs, tous les mobiles qui font agir l'humanité subissaient sa dure et inflexible loi. Et ce culte du devoir avait pour base la foi, une foi profonde, immuable, qui lui permettait de voir bien au-delà des faiblesses et des bassesses de cette vie.

« Assurément, un tel homme n'est pas à plaindre d'avoir quitté ce monde : ceux-là seuls méritent la pitié qui l'ont connu, qui l'ont aimé et qui l'ont perdu : sa chère famille si bien pénétrée de ses traditions, ses amis qui jouissaient du charme et de la cordialité de ses relations, tous ceux enfin que la bonté de son cœur a fait aider et soutenir. »

∴

La mort de M. Franz fut pour M. Paul, son frère jumeau, une épreuve terrible, dont il ne se remit pas. Ils s'aimaient tant, ils se complétaient tellement, qu'une partie de lui-même sembla être descendue dans la tombe. Il se remit au travail, mais non plus avec la même ardeur : La lame usa bien vite le fourreau déjà affaibli par une vie d'occupations matérielles. L'activité intelligente, qu'il avait déployée, pendant des années, dans l'exploitation et l'organisation de la terre de Boucé, ne s'exerce pas sans détriment pour le corps et les facultés intellectuelles.

Doucement, sans secousses, M. Paul en arriva à ne plus pouvoir s'occuper de cette chère propriété ; et, comme si Dieu eût voulu lui épargner le chagrin d'une impuissance physique qui l'aurait conduit beaucoup plus rapidement à la mort, il perdit insensiblement la mémoire ; il en vint à ne plus penser à ses occupations, à ne plus se souvenir des domaines.

Pendant cette triste période, on a pu admirer la sollicitude dont il fut entouré par la famille de son neveu, M. Fernand de Vaulx, demeurant avec son oncle au château de Boucé. Mme Fernand, que M. Paul avait appris depuis bien des années à apprécier et à aimer, se montra prodigue de soins et de dévouement envers son cher malade, et sut, par son affection, prolonger ses jours. Elle le soigna réellement comme s'il eût été son père, veillant à tout avec la plus scrupuleuse attention. Dans les trois dernières années de sa vie, on fut obligé d'appeler auprès de M. Paul une religieuse pour passer constamment les nuits auprès de son lit ; mais Mme de Vaulx ne se considéra pas comme entièrement dégagée envers son oncle ; elle voulut être aidée, non point remplacée.

On aimait à voir le bon M. Paul avec sa religieuse ; on éprouvait, sans doute, un sentiment de tristesse à cause de son état ; néanmoins, on était heureux de le rencontrer, de lui adresser le salut du respect et de la vénération.

Souvent, il dirigeait ses pas vers l'église où sa piété l'appelait. Comme le courant mystérieux attire l'aiguille aimantée vers le pôle, ainsi la maison de Dieu attirait son âme comme vers son centre, vers son repos. Il oublia tout : ses occupations, ses domaines ; deux choses seules n'échappaient point à sa mémoire : la famille de son neveu (nous en comprenons les raisons) et l'église. N'est-ce point là encore une preuve bien manifeste de ses habitudes pieuses ? Nous avons dit plus haut que l'âme se rappelle instinctivement les habitudes contractées, et qu'elle en suit le penchant. Or, M. Paul, jusqu'à ses derniers moments, alla plusieurs fois par jour à l'église. Avant l'altération de ses facultés intellectuelles, quand il était bien portant, alors même que ses occupations étaient les plus absorbantes et les plus multipliées, il trouvait le temps d'assister, presque chaque matin, à la messe ; maintenant qu'il ne pouvait plus rien faire, à peine avait-il entendu le son de la cloche, comme si un écho eût vibré dans sa mémoire, il ne manquait pas de se diriger vers le sanctuaire. Pendant la journée, il revenait encore s'agenouiller devant le tabernacle, ou devant l'autel de la Très-Sainte Vierge. Là, il égrenait son chapelet, et ses lèvres murmuraient sans cesse la salutation angélique. Dieu, qui bénit et exauce les prières des petits enfants, n'est point resté sourd aux invocations de M. de Vaulx. Oui, la Vierge Marie, qu'il a saluée si souvent des paroles de l'Ange, a porté aux pieds du Tout-Puissant ces *Ave* si nombreux, elle les a cueillis sur les lèvres tremblantes du vieillard, elle a déposé cette ample couronne de roses entre les mains de son divin Fils. Ce furent les dernières syllabes que l'on entendit sur les lèvres du mourant à son dernier soupir...Qu'elle fut longue et pénible, cette agonie de vingt-trois heures !... Déjà, deux années auparavant, M. Paul avait éprouvé une terrible secousse : sa robuste constitution avait, une première fois, triomphé du mal. Il se rétablit un peu et l'on pouvait croire qu'il resterait longtemps à l'affection de ses parents et de ses métayers, lorsque, au mois de septembre 1893, une nouvelle crise se déclara ; celle-là ne laissait aucun espoir.

Pendant près de huit jours, il lutta contre le mal. Ce fut alors que l'affection et le dévouement se manifestèrent de toutes parts. Si Mme Fernand de Vaulx avait été pleine de sollicitude auparavant ; dans cette dernière crise, elle fut admirable. Ne reculant pas devant la peine, elle prodigua à son oncle les soins qu'une mère seule peut donner à son enfant. La nuit, le jour, elle était auprès du malade, communiquant son zèle et son dévouement à tout le monde. Toute la famille de Vaulx était réunie pour les vacances aux Morets ; elle ne songea plus qu'au mourant pour le soigner, le soulager.

Mais le mal était sans remède. Le médecin, malgré son habileté et son dévouement de chaque jour, dut s'avouer vaincu. Des complications très graves survinrent, occasionnant au malade les plus cruelles souffrances. Cependant au milieu de tant de douleurs, la force chrétienne de l'âme se manifesta d'une manière frappante. Toujours apparut clairement la crainte du moindre acte qui pût blesser la modestie.

Point de ces cris lugubres, de ces gémissements sinistres, comme on les entend si souvent au lit des agonisants. La souffrance, au dire de médecin, était à l'état le plus aigu ; or, si le visage témoignait de cette acuité, si les frémissements du corps dénotaient la violence des crises, jamais la bouche ne prononça de plaintes déchirantes. Les lèvres s'agitaient sans cesse dans un mouvement de prière, et, si l'oreille s'approchait du patient, elle percevait distinctement ces mots proférés dans un léger murmure : « Je vous salue, je vous salue, Marie. » La mémoire et le cerveau paralysés ne permettaient pas d'aller jusqu'au bout de la prière favorite ; mais le cœur revenait sans cesse à cette invocation tant de fois répétée, pendant la vie, avec foi, avec amour. Nous aimons à croire que la Reine du Ciel la salua à son tour, cette âme, quand elle brisa les liens qui la retenaient captive dans ce corps torturé par la souffrance. « Salut, lui dit-elle, bon et fidèle serviteur ! Salut pour l'éternité de paix, de repos et de bonheur ! » Ce fut le 25 septembre, à neuf heures du soir, que mourut M. Paul de Vaulx, à l'âge de soixante-dix-neuf ans.

Pendant sa maladie, Boucé tout entier s'était vivement intéressé à son état. A peine sa mort fut-elle connue, qu'il lui donna la sanction de sa vénération et de son attachement. La chambre mortuaire ne désemplit pas : nuit et jour, on venait prier, regarder les traits si calmes du défunt et se réconforter. On entrait comme dans un temple, on sortait avec des impressions salutaires. Les métayers en pleurs demandèrent avec insistance de passer la nuit auprès du corps ; ils lui composèrent une sorte de garde d'honneur, se relayant à tour de rôle.

Cependant, une grande préoccupation agitait tous les esprits. On se demandait si la famille n'enlèverait pas le dernier créateur de Boucé pour le transporter à Montaigu. On reconnaissait toute la légitimité de cette translation ; mais la pensée qu'il ne resterait plus rien de ceux qui avaient relevé le pays, qui en avaient chassé la misère pour y rétablir l'aisance et la prospérité, attristait tout le monde.

Le Conseil municipal se réunit à la hâte ; il vote le don d'une concession à perpétuité et vient l'offrir à la famille avec le vœu de toute la population (1).

Devant ce témoignage de reconnaissance et d'affection, on décide de laisser le corps de M. Paul au milieu de son cher Boucé.

La cérémonie des funérailles eut lieu, le jeudi 28 septembre. Une foule énorme vint de tous les

1 M. le Préfet de l'Allier a refusé d'autoriser le vote du Conseil municipal de Boucé. Ce refus a surpris et froissé la population tout entière

points du département rendre hommage à la mémoire du défunt.

Nous pouvons bien dire, en terminant, que l'esprit de MM. de Vaulx domina entièrement cette cérémonie : esprit de foi et de piété. Ce fut, en effet, au milieu du plus profond recueillement que l'on conduisit au cimetière, à la concession donnée par le Conseil municipal, les restes mortels de M. Paul. C'est là qu'il repose au milieu de tous ceux qu'il a enrichis par son travail, soulagés par sa charité, édifiés par sa foi chrétienne et la pratique de tous les devoirs.

FIN

Achevé d'imprimer

Le vingt-trois Juin mil huit cent quatre-vingt-quatorze

POUR

H. DUROND, LIBRAIRE-ÉDITEUR

par

CRÉPIN-LEBLOND

IMPRIMEUR

A MOULINS-S-ALLIER

www.ingramcontent.com/pod-product-compliance
Ingram Content Group UK Ltd.
Pitfield, Milton Keynes, MK11 3LW, UK
UKHW022031170726
13837UKWH00002B/525